山香教育®
中国教师一站式服务平台
股票代码：872987

教师招聘考试 状元

学霸笔记

幼儿教育理论

山香教师招聘考试命题研究中心 主编

首都师范大学出版社
CAPITAL NORMAL UNIVERSITY PRESS

图书在版编目(CIP)数据

教师招聘考试状元学霸笔记. 幼儿教育理论 / 山香教师招聘考试命题研究中心主编. --北京 : 首都师范大学出版社, 2018.1(2021.4 重印)

ISBN 978-7-5656-4228-9

Ⅰ. ①教… Ⅱ. ①山… Ⅲ. ①学前教育-教育理论-幼教人员-聘用-资格考试-自学参考资料 Ⅳ. ①G451.1

中国版本图书馆 CIP 数据核字(2018)第 027957 号

教师招聘考试

ZHUANGYUAN XUEBA BIJI YOUER JIAOYU LILUN

状元学霸笔记·幼儿教育理论

山香教师招聘考试命题研究中心 主 编

策划编辑 张文强

责任编辑 曹亮亮 王慕飞　　　封面设计 山香教育

首都师范大学出版社出版发行

地 址 北京市西三环北路 105 号

邮 编 100048

咨询电话 010-68418523(总编室)　　010-68982468(发行部)

网 址 http://cnupn.cnu.edu.cn

印 刷 河南黎阳印务有限公司

经 销 全国新华书店

版 次 2018 年 3 月第 1 版

印 次 2021 年 4 月第 6 次印刷

开 本 889mm×1194mm 1/16

印 张 14

字 数 176 千

定 价 39.00 元

许你一路芬芳

嗨，亲爱的同学，你好！

光阴它悄悄地走，岁月它静静地流。带着青春和活力，你又迈入了人生的一个新阶段，踏上了招教考试的道路。现在的你意气风发，愿直挂云帆，乘风破浪；现在的你豪情满怀，愿崭露头角，金榜题名。

而我，是你手中的《学霸笔记》，是伴你一起前行的伙伴。我是一排排前人的足迹，引领你登上书山的高峰；我是一句句殷切的叮咛，提醒你拾起遗漏的点滴。

我是你招教考试路上的向导，带着你奔跑在考试的主道上。我集结了精心设计、编写的内容，把智慧和美好呈现在你眼前。我是名师教案的精华、状元成功的秘笈，护你避开所有岔路，帮你走上学习的坦途，让你的自主学习如鱼得水。

我是你夺取胜利的强力助攻，帮助你过关斩将，一路晋级。我传授的不仅仅是知识，更重要的是状元的学习方法、学习习惯、思维模式。教你把握思路，学会方法，成为招教大军中的“王者”。

我还是你前进的良友，接纳你的纠正和建议。欢迎你的原创，希望你的加入，与你共同进步。

同学，在招教考试的路上，我会一直陪着你。这一路，只会是属于你我的战场。即使前方乌云密布，但是你我知道，它遮挡不住前行的阳光！即使眼前浓雾弥漫，但是你我懂得，它阻挡不了坚定的方向！学霸携手，任性高歌，你会发现，原本怯懦犹疑的你经历风雨，焕然成长；学霸振臂，游目骋怀，你会发现，原本青涩懵懂的你淬火百炼，已然成钢。

请相信我，把烦恼和无奈抛给昨天，面对挑战，无论是输是赢，你都须全身心地投入，向着既定目标冲刺，定会创造人生的奇迹！

目录

contents

名人名言

千教万教教人求真，千学万学学做真人。

——陶行知

一个坏的教师奉送真理，一个好的教师则教人发现真理。

——第斯多惠

名人名言

教师本人是学校里最重要的师表，是最直观的、最有教益的模范，是学生最活生生的榜样。

——第斯多惠

一两的遗传胜过一吨的教育。

——霍尔

第二部分　学前心理学

名人名言

要尽量多地要求一个人，也要尽可能地尊重一个人。

——马卡连柯

心理学虽有一个长期的过去，但却只有一个短暂的历史。

——艾宾浩斯

名人名言

捧着一颗心来，不带半根草去。

——陶行知

给我一打健康的婴儿，不管他们祖先的状况如何，我可以任意把他们培养成从领袖到小偷等各种类型的人。

——华生

名人名言

我们日常所见的人中，他们之所以或好或坏，或有用或无用，十分之九都是他们的教育所决定的。

——洛克

梦的本质是潜意识愿望的曲折表达，是被压抑的潜意识欲望伪装的、象征性的满足。

——弗洛伊德

日期 | Date：

扫码即可获取以下课程

- 配套课程说明会。
- 核心知识点讲解。
- 名师精讲直播课。

更多硬核知识待你解锁

第一部分　学前教育学

第一章　学前教育与学前教育学

思维导图

- 学前教育与学前教育学
  - 学前教育及其发展
    - 1.学前教育的概念
    - 2.学前教育的性质和特点
    - 3.学前教育的价值、意义与作用
  - 学前教育机构的产生与发展
    - 1.学前教育机构的产生
    - 2.学前教育机构的发展
    - 3.世界学前教育机构发展的特点
  - 学前教育学
    - 1.学前教育学的概念
    - 2.学前教育学的研究对象和任务
    - 3.学前教育学的研究方法
    - 4.学前教育学的研究步骤

要点精讲

第一节　学前教育及其发展

一、学前教育的概念

知识 1　学前教育的定义

狭义的学前教育是指学前教育工作者整合儿童周围的资源，对 0～6 岁年龄阶段儿童的发展施以有目的、有计划、有系统的影响活动。

知识 2　学前教育的年龄划分

对 0～6 岁年龄阶段的婴幼儿所实施的教育称为学前教育。学前教育是人生早期阶段的教育，所以，婴幼儿教育又叫作“早期教育”。

幼儿教育是指对3~6岁年龄阶段的幼儿所实施的教育。

二、学前教育的性质和特点

- 性质
  - 基础性
  - 公益性（坚持教育的公益性是我国教育事业健康发展的基本要求）
  - 先导性
- 特点
  - 非义务性
  - 保教结合性（保教并重）
  - 启蒙性
  - 直接经验性

指导：学前教育的性质和特点常以单项选择、多项选择的形式考查。

三、学前教育的价值、意义与作用

知识1 学前教育的价值

学前教育价值体系中的主体可以分为两大类：社会主体和个体主体。

学前教育作为价值客体必须满足社会和幼儿个体两者的需求，由此产生了学前教育的社会价值和个体价值（本体价值）。

知识2 学前教育的意义

学前教育的意义是指学前教育所具有的功能和作用，它具有客观性和多样性。学前教育的根本意义是促进个体和社会的发展。

- 根本意义
  - 对个体发展的意义
    - 对正常儿童的发展起诱导作用
    - 对非正常儿童的发展具有改善性的影响
  - 对社会发展的意义
    - 经济价值
      - 提高劳动力素质，促进经济发展
      - 保护和解放（特别是妇女）劳动力
      - 提高社会经济效益
    - 文化价值
    - 家庭价值

巧学妙记

听（家庭）经（经济）文（文化）。

补充：

1. 经济发展对学前教育的影响

影响：
- 促进学前教育机构的产生与发展
- 学前教育发展的规模和速度受社会经济水平的影响和制约
- 学前教育的目标、内容、手段和设施受社会经济发展水平的影响

2. 社会政治对学前教育的制约作用

制约作用：
- 其性质受社会政治的影响，并为政治所决定
- 其目标和内容受政治的影响和制约
- 其管理体制受政治的影响和制约
- 其发展规模和速度受政治的影响和制约

3. 学前教育的目标，在不同的经济发展阶段中，经历的变化

阶段目标：
- ①工业社会初期——主要为工作的母亲照管儿童
- ②工业社会——不限于看护儿童，对儿童施行促进其身心发展的教育
- ③现代社会初期——以发展儿童智力为中心
- ④现代社会(20 世纪 80 年代以后)——促进儿童身体的、情绪的、智能的和社会性的全面发展

第二节　学前教育机构的产生与发展

一、学前教育机构的产生

1816 年，英国空想社会主义者欧文在苏格兰的纽兰纳克创办了一所幼儿学校，这是欧洲最早的幼儿教育机构。

知识 1　早期的学前教育机构类型

类型	时间	地点	意义
日托中心	1844 年	法国巴黎	第一所日托中心，目的是保护婴幼儿的身体健康，防止死亡

续表

类型	时间	地点	意义
日托中心	1854 年	美国	纽约市的保育室与儿童医院开办了美国第一所日托站，到 1897 年这样的日托机构大约已有 175 所
托儿所	1911 年	英国	第一个托儿所是由麦克米伦姐妹建立的
幼儿园	1840 年	德国	1837 年，福禄贝尔在德国勃兰根堡开办了一所招收 1 ~ 7 岁儿童的教育机构，1840 年命名为幼儿园

知识 2 我国第一所幼儿园的诞生——湖北幼稚园

湖北巡抚端方于 1903 年在武昌创办湖北幼稚园，是我国第一所学前儿童教育机构。1904 年，由张之洞等合订的《奏定学堂章程》（癸卯学制）中包括蒙养院制度。癸卯学制第一次用国家学制的形式把学前教育机构的名称定下来，把社会学前教育机构的地位固定下来，使蒙养院成为我国最早的学前教育机构。

知识 3 民国时期我国的幼儿园及其发展状况

状况：
- ①陶行知先生创办了"乡村儿童团"、南京燕子矶幼稚园（中国第一个乡村幼稚园，办园宗旨是建设中国的、省钱的、平民的幼稚园）
- ②张雪门先生创办了"北平香山慈幼院"

二、学前教育机构的发展

形式：
- ①胎儿学校：主要由医务部门管理
- ②托儿所：专门照顾和培养婴幼儿生活能力的地方
- ③幼儿园：对 3 ~ 6 周岁的儿童进行教育的专门机构，主要由教育部门负责，是我国幼儿教育机构的主体部分
- ④托幼园所一体化：由工厂兴办，由厂工会负责管理监督
- ⑤学前班（幼儿班）：多半建于城镇、农村，附设在小学，作息制度仿照小学进行
- ⑥儿童福利院：一种招收孤儿和残疾儿童的社会福利机构
- ⑦SOS 国际儿童村：收养孤儿的国际慈善组织
- ⑧家庭教育：对学前儿童的成长具有更为重要的作用

形式
- ⑨早教机构：为所有没有精力和时间引导教育孩子的家长提供上门式的、一对一的专业服务机构
- ⑩非正规的社会学前教育机构：儿童游戏场、儿童玩具图书馆、儿童博物馆、玩具图书大篷车、玩具图书流动站等

三、世界学前教育机构发展的特点

特点
- 规模的扩大化
- 机构的多样化
- 师资质量和教育质量的提高(重要标志)
- 教育手段不断现代化

巧学妙记

三化一提高

指导：学前教育机构发展的特点常以单项选择的形式考查。

第三节 学前教育学

一、学前教育学的概念

学前教育学是研究学前阶段的教育现象和教育问题、揭示这一特定阶段教育规律，以及阐明学前教育理论的科学。

二、学前教育学的研究对象和任务

知识 1 学前教育学的研究对象

对象	包括内容/含义
学前教育现象	①学前儿童在家庭、幼儿园等各个场合中的表现； ②学前教育工作者(幼儿教师、父母等专职、非专职工作者)在教育过程中的表现

续表

对象	包括内容/含义
学前教育规律	学前教育规律就是学前教育内部诸因素之间、学前教育与其他阶段的教育之间、学前教育与其他事物之间的本质联系，以及学前教育发展变化的必然趋势
学前教育理论	学前教育规律是学前教育现象的本质概括，而学前教育理论则是对学前教育规律的具体阐发

知识 2 学前教育学的任务

(1)总结我国学前教育的经验，研究学前教育基本理论，引进国外学前教育的理论和实践，以探讨我国学前教育的规律及今后发展趋势；

(2)通过对学前教育实践的理论研究，用科学的教育观念指导学前教育实践，不断提高学前教育机构和家庭的科学教育水平；

(3)学前教育学的有关基本理论，可为国家和有关部门制定学前教育的政策、措施和进行教育改革提供理论依据和策略思想。

三、学前教育学的研究方法

知识 1 常用的研究方法

1. 观察法

(1)观察法的含义

观察法是研究者运用感官或借助一定的仪器设备对处于自然状态中的客观事物进行有目的、有计划地考察和探究，从而获取科学事实、探索科学规律的一种科学研究方法。

(2)观察法的类型

- 类型
  - 对观察的环境条件是否进行控制和改变
    - 自然观察法
    - 实验室观察法
  - 观察时是否借助仪器设备
    - 直接观察法
    - 间接观察法

- 类型
  - 对观察的环境条件是否进行控制和改变
    - 自然观察法
    - 实验室观察法
  - 观察时是否借助仪器设备
    - 直接观察法
    - 间接观察法
  - 观察者在观察过程中是否参与研究对象的活动
    - 参与性观察法(有利于获得真实可信的资料)
    - 非参与性观察法
  - 是否对观察活动进行严格的控制
    - 有结构观察法
    - 无结构观察法
  - 对研究对象行为取样的方式不同
    - 时间取样观察法
    - 事件取样观察法

(3)观察研究的设计

设计工作包括:①观察内容的确定;②观测指标的设计;③观察方法的选择;④观察记录方法的选择和设计。

(4)学前教育观察研究的实施步骤

- 步骤
  - 观察的准备
  - 实施现场观察
  - 观察资料的整理和分析
  - 形成研究结论,撰写观察报告

2. 调查法

- 含义
  - 教师围绕某一教育现象
  - 采用问卷、谈话、座谈等多种形式收集资料
  - 对所获得的资料进行定量、定性分析,指出问题,提出教育建议

3. 实验法

(1)实验法的含义

实验法是研究者以一定的理论假设为指导,根据研究的目的,有计划地操纵某些条件,控制某些条件,并观测特定的教育现象随之发生的变化,以探索不同教育现象之间的因果关系,揭示教育活动规律的研究方法。

(2)实验法的主要类型

- 类型
  - 实验研究的场所不同
    - 现场实验
    - 实验室实验
  - 实验者在实验过程中对无关变量的控制程度
    - 前实验
    - 准实验
    - 真实验
  - 实验研究的目的不同
    - 探索性实验
    - 验证性实验
  - 同一个实验中自变量的多少
    - 单因素实验
    - 多因素实验

(3)实验法的优点和局限

优点:①有效地探索和揭示教育活动中各种因素之间的因果关系;②良好的教育功能;③较好的促进教育实践发展的作用。

局限:①难以获取随机化程度高的、对总体具有良好代表性的样本;②实验实施环境条件与真实的教育情景不完全相同。

4. 个案研究法

个案研究法是教师利用观察法、调查法、作品分析法等方法对班级个别儿童进行全面系统的研究,以揭示儿童发展普遍规律的一种研究方法。

5. 人种学研究法

人种学研究法是为特定情境中的教育系统、教育过程以及教育现象提供完整和科学的描述。

知识2 研究新动向

1. 质的研究及其在学前教育研究中的应用

(1)质的研究概念

质的研究是以研究者本人作为研究工具,凭借研究者自身的洞察力在与研究对象的互动中理解和解释其行为和意义建构的研究方法。

(2)质的研究特点

特点
- ①以描述性资料为主，以现场的观察记录、关键人物的访谈实录、图片、实物为主要资料来源
- ②对现场的人、事、物做整体性的研究
- ③强调在自然情境中做临床性的探究，注重情境发展线索，从现场的关系结构中发现事件发生、发展的意义
- ④是从研究对象的角度来研究问题，注重现场参与者的观点，从局内人的观点了解他们是如何看待世界的
- ⑤具有归纳的取向，从资料搜索的过程中发展和归纳概念理论，而不是收集资料和证据来评估验证理论假设
- ⑥强调研究者亲自体验被研究者的内在生活和人性特质
- ⑦是学习的过程，研究者向被研究者了解他们的世界观和价值观，并获得自己价值观的新知觉
- ⑧关注的是过程，而不只是结果

2. 行动研究及其在学前教育研究中的应用

(1)行动研究法的含义

行动研究法是一种适应小范围的教育改革的探索性研究方法，是研究者为科学地解决教育活动中的实际问题，在对问题诊断分析的基础上来拟订和实施行动计划的一种循环研究的程序性方法。

指导：此处的行动是指带有探索和研究性质的教育实践活动。

(2)行动研究的特点

特点
- 有很强的实践性
- 有很强的开放性
- 有很强的灵活性
- 伴随持续地对研究计划的修正

(3)行动研究的步骤

步骤
- ①计划：明确问题、收集信息、分析问题、制订行动计划等
- ②行动：实施行动项目、对行动的监控、调整等

步骤
- ③考察：观察、记录、访谈、问卷、收集背景资料等
- ④反思：整理描述结果、分析解释原因、评价行动、构想纠正失误和克服困难的新行动计划

(4)行动研究在学前教育研究中的应用

应用
- 促进幼儿教师的专业发展
- 克服了教育理论与教育实践相脱节的弊端
- 可以给师范生提供大量的实际工作案例
- 有利于提高幼儿园行政管理的效能

3. 迈向多元研究法

目前多元研究方法的综合运用主要还只局限于获取资料的手段方面，但是我们可以预测，在不久的将来，多元方法研究会有新的突破。

四、学前教育学的研究步骤

步骤
- 确定研究题目
  - 价值性
  - 创造性
  - 可行性
- 选定研究的样本
- 收集整理和分析资料
- 撰写研究报告或研究论文

指导：选定研究对象时一般采用抽样的研究方法，抽样时注意样本的代表性和随机性。

补充：

1. 研究报告的撰写

内容
- 研究工作概述
- 研究目的和范围
- 研究方法、过程、样本及所用测验的有关情况
- 阐明研究结果，并进行说明和判断
- 简短的总结和结论
- 参考书目

2. 研究论文的撰写

内容：
- 题目
- 内容提要
- 序言
- 正文
- 结论
- 引文注释与参考文献

巧学妙记

题内要(内容提要)徐(序)峥(正)接(结)应(引)。

实战演练

1. 简述学前教育的性质和特点。
2. 简述学前教育的意义。
3. 简述学前教育学的研究方法。
4. 简述世界学前教育机构发展的特点。
5. 简述学前教育学的任务。
6. 简述实验法的优点和局限。
7. 简述行动研究法的特点。

第二章　著名幼儿教育家的学前教育思想

思维导图

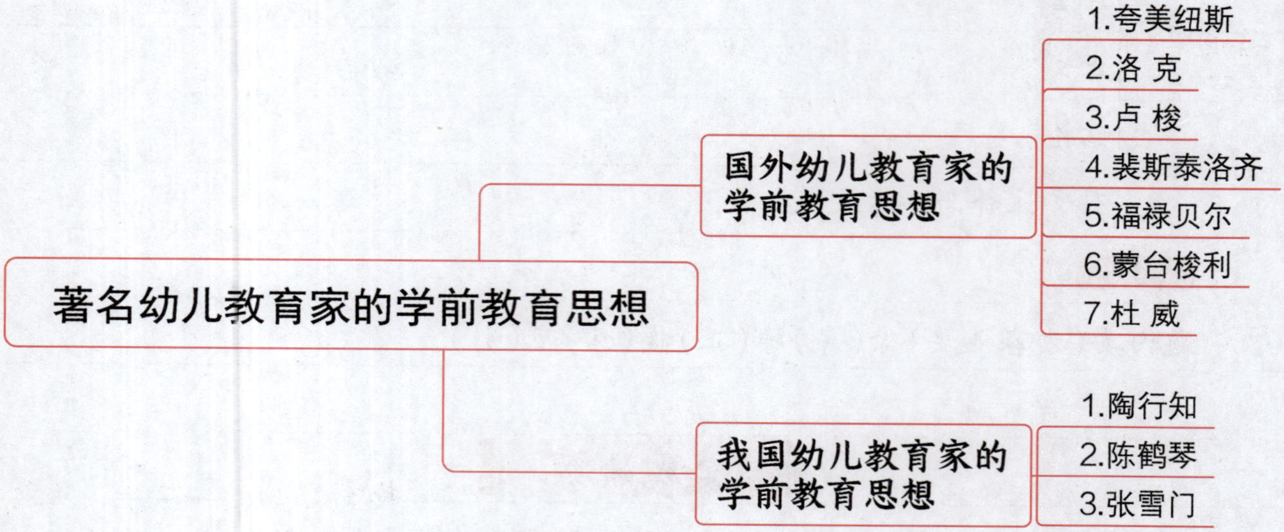

要点精讲

第一节　国外幼儿教育家的学前教育思想

人物	代表作	教育思想	点拨
夸美纽斯	①《大教学论》（西方第一本独立形态的教育学） ②《世界图解》（世界上第一本图文并茂的儿童读物、"儿童插图书的始祖"） ③《母育学校》（世界上第一部论述学前教育的专著）	①教育应适应自然； ②"泛智"教育；	第一个专门对学前教育提出了深刻认识并有系统论述的教育家

续表

人物	代表作	教育思想	点拨
洛克	《教育漫话》	①提出了“白板说”； ②提倡“绅士教育”； ③体育是教育的基础； ④德育是教育的核心； ⑤智育是教育的辅助	记忆技巧：洛克白板画绅士
卢梭	《论人类不平等的起源和基础》《社会契约论》《爱弥儿》	①自然教育理论：教育有三个来源：“自然”“人”“事物”；教育遵循自然；教育的目的是培养“自然人”。 ②把儿童的教育年龄划分成四个时期：婴儿期（出生~2岁）；幼儿期（2~12岁）；少年期（12~15岁）；青年期（15~20岁）。 ③幼儿教育的方法：给予行动的自由、合理的养护锻炼、注意语言的发展、感觉教育、重视模仿、自然后果法	教育思想主要集中于《爱弥儿》一书中
裴斯泰洛齐	《隐士的黄昏》《林哈德和葛笃德》	①提倡爱的教育； ②提倡要素教育理论	①世界上第一个明确提出“教育心理学化”口号的教育家； ②西方教育史上第一位将教育与生产劳动相结合的思想付诸实践的教育家
福禄贝尔	《母亲之歌与爱抚之歌》	①幼儿自我发展的原理； ②阐明游戏教育价值：游戏是儿童内部存在的自我活动的表现； ③协调原理； ④亲子教育	①创办了世界上第一所幼儿园； ②制作了玩具“恩物”——一种儿童玩具； ③被称为“幼儿教育之父”（幼儿园之父）

续表

人物	代表作	教育思想	点拨
蒙台梭利	《童年的秘密》	①幼儿自我学习的法则； ②重视教育环境的作用(一个有准备的环境是关键)； ③教师是环境的创设者、观察者、指导者； ④幼儿的自由和作业的组织相结合的原则； ⑤重视感觉教育	1907年在罗马贫民区创办了一所"儿童之家"
杜威	《民主主义与教育》	①儿童观：重视儿童的本能；儿童具有自我生长的能力；儿童与成人在心理上存在着很大的差异。 ②进步主义教育思想："教育即生长""教育即生活""教育即经验的不断改造"。 ③教育原则："儿童中心论""从做中学"	——

补充：

蒙台梭利把婴幼儿划分为九个敏感期：

(1)语言敏感期(0~6岁)；(2)秩序敏感期(2~4岁)；(3)感官敏感期(0~6岁)；(4)对细微事物感兴趣的敏感期(1.5~4岁)；(5)动作敏感期(0~6岁)；(6)社会规范敏感期(2.5~6岁)；(7)书写敏感期(3.5~4.5岁)；(8)阅读敏感期(4.5~5.5岁)；(9)文化敏感期(6~9岁)。

第二节　我国幼儿教育家的学前教育思想

人物	代表作	教育思想	贡献
陶行知	——	①建立适合中国国情的、省钱的、平民的幼稚园； ②重视幼儿教育； ③生活是教育的中心； ④教、学、做合一的教育方法； ⑤解放幼儿的创造力	①农村幼儿教育事业的开拓者； ②在南京首创了中国第一所乡村幼稚园——南京燕子矶幼稚园，创建了乡村幼儿师范教育、农村幼教研究会等
陈鹤琴（“中国幼儿园之父”）	——	①反对半殖民地半封建的幼儿教育，提倡适合国情的中国化幼儿教育。 ②反对死教育，提倡活教育。 ③幼儿园课程理论：把课程内容划分为健康、社会、科学、艺术、文学等五项，被称为“五指活动”；提倡“整个教学法”。 ④重视幼儿园与家庭的合作	①创办了我国最早的幼儿教育实验中心——南京鼓楼幼稚园； ②创建了我国第一所公立幼稚师范学校——江西省实验幼稚师范学校
张雪门（与南京的陈鹤琴有“南陈北张”之称）	《幼儿教育新论》《中国幼稚园课程研究》	①儿童身心发展与社会环境相统一； ②重视幼稚园课程； ③幼稚园教材教育方法（四项标准）； ④幼稚园教学法； ⑤重视幼稚园教师，从“骑马者应从马背上学”这一基本指导思想出发把见习和实习放在突出的重要地位	①1918 年创办宁波星荫幼稚园； ②1920 年创办香山慈幼院的幼稚师范学校； ③1934 年创办“乡村教育实验区”

补充：

1. 陶行知先生的六大解放

具体内容：
- 解放幼儿的头脑
- 解放幼儿的双手
- 解放幼儿的眼睛
- 解放幼儿的嘴
- 解放幼儿的空间
- 解放幼儿的时间

指导：陶行知先生的六大解放常以单项选择、多项选择的形式考查。

2. 陈鹤琴先生教育的三大目标

目标：
- 做人、做中国人、做现代中国人
- 做中教、做中学、做中求进步
- 大自然、大社会是我们的活教材

3. 陈鹤琴的教学方法及原则

教育方法：做中教，做中学，做中求进步。

教学原则：(1)凡儿童自己能够做的，应当让他自己做；

(2)凡儿童自己能够想的，应当让他自己想；

(3)你要儿童怎样做，就应当教儿童怎样做；

(4)鼓励儿童去发现他自己的世界；

(5)积极的鼓励胜于消极的制裁；

(6)大自然、大社会都是我们的活教材；

(7)比较教学法；

(8)用比较的方法来增进学习的效率；

(9)积极的暗示胜于消极的命令；

(10)替代教学原则；

(11)注意环境，利用环境；

(12)分组学习共同研究；

(13)教学要游戏化；

(14)教学要故事化；

(15)教师教教师；

(16)儿童教儿童；

(17)要精密地观察。

实战演练

1. 简述张雪门的教育贡献。
2. 简述福禄贝尔的教育思想。
3. 简述杜威的教育思想。
4. 简述洛克的教育思想。
5. 陶行知的六大解放包含哪些内容？
6. 简述陈鹤琴的教学方法及原则。

第三章　我国幼儿园教育的目标、任务和原则

思维导图

- 我国幼儿园教育的目标、任务和原则
  - 学前教育目标概述
    - 1.学前教育目标的内涵
    - 2.幼儿园保教目标
    - 3.制定幼儿园教育目标的依据
    - 4.学前教育目标的结构及层次
  - 幼儿园教育的性质、特点与任务
    - 1.我国幼儿园教育的性质
    - 2.幼儿园教育的特点
    - 3.幼儿园教育的双重任务
    - 4.新时期幼儿园教育双重任务的特点
  - 学前教育的原则
    - 1.学前教育的一般原则
    - 2.学前教育的特殊原则

要点精讲

第一节　学前教育目标概述

一、学前教育目标的内涵

内涵：
- 是教育目的在学前教育阶段的**具体体现**
- 是对培养幼儿规格的要求
- 是对学前教育最终结果的反映和预期

二、幼儿园保教目标

知识 1　我国幼儿园保教目标

目标：
- ①促进幼儿身体正常发育和机能的协调发展，增强体质，促进心理健康，培养良好的生活习惯、卫生习惯和参加体育活动的兴趣
- ②发展幼儿智力，培养正确运用感官和运用语言交往的基本能力，增进对环境的认识，培养有益的兴趣和求知欲望，培养初步的动手探究能力

目标
③萌发幼儿爱祖国、爱家乡、爱集体、爱劳动、爱科学的情感，培养诚实、自信、友爱、勇敢、勤学、好问、爱护公物、克服困难、讲礼貌、守纪律等良好的品德行为和习惯，以及活泼开朗的性格
④培养幼儿初步感受美和表现美的情趣和能力

知识2 现代幼儿园教育目标的特点

特点
①重视幼儿身体健康
②幼儿智力教育不仅仅是知识的传授，而是强调利用感官，培养幼儿的动手能力、学习兴趣和求知欲望
③幼儿品德教育强调从情感教育入手，重视幼儿良好性格和习惯的培养
④幼儿美育把培养幼儿感受美的情趣放在第一位，适合幼儿的年龄特点

三、制定幼儿园教育目标的依据

依据
- 社会要求
  - 要符合我国社会发展和国情的需求
  - 要预见社会新的要求，具有前瞻性
- 幼儿身心发展的特征和规律

四、学前教育目标的结构及层次

知识1 学前教育目标的结构

结构
- 横向：体、智、德、美
- 纵向：认知、情感、行为技能

知识2 学前教育目标的层次

1. 从学前教育目标的计划性、目的性程度上看，可分三个层次

层次
- 学前教育机构的学前教育目标
- 学前社会教育其他机构的学前教育目标
- 学前家庭的教育目标

2. 从学前教育目标的适用范围来看，可分三个层次

层次：
①由国家制定并通过法规或其他行政文件颁布的，在全国范围内具有指导价值的目标
②考虑本地发展现实而确定的对本地学前教育实践具有指导意义的目标
③针对幼儿园的实际情况确定的适合特定幼儿园发展的目标

3. 从学前教育目标可操作性程度上看，可分五个层次

层次：
幼儿园课程总目标，即幼儿园教育目标（长远目标）
年龄阶段目标（中长期目标）
学期目标（中期目标）
月（或几周）计划（主题活动）的教育目标（近期目标）
某一教育活动目标（近期具体目标）

4. 学前教育目标从抽象到具体，可以分成四个层次

层次：
幼儿园教育目标（远期目标）
中期目标即幼儿园小、中、大等各年龄班的教育目标
近期目标，也称短期目标，指在某一阶段内要达到的教育目标
活动目标即某次教育活动需要达成的目标

第二节　幼儿园教育的性质、特点与任务

一、我国幼儿园教育的性质

我国幼儿园教育是为社会主义建设服务的第三产业。它既要为家长服务，又要为社会主义建设、为社会主义培养接班人服务。

二、幼儿园教育的特点

特点：
群体性
专业性
计划性
组织性
活动性

指导：幼儿园教育的特点常以单项选择、论述的形式考查。

三、幼儿园教育的双重任务

指导：为提高基础教育打好基础也是幼儿园的重要任务。

任务
- 幼儿园对幼儿实施保育和教育
- 幼儿园同时面向幼儿家长提供科学育儿指导

四、新时期幼儿园教育双重任务的特点

特点
- 对幼儿身心素质的培养提出了更高的要求
- 为家长服务的范围不断扩大
- 家长对幼儿教育认识不断提高，要求幼儿园具有更高的教育质量

第三节　学前教育的原则

一、学前教育的一般原则

一般原则
- 尊重儿童的人格尊严和合法权益
  - 尊重儿童的人格尊严
  - 保障儿童的合法权益
- 发展适宜性
  - 针对美国幼教界幼儿教育“小学化”等倾向提出来的
  - 按维果斯基的理论来说，即是要找准每个孩子的“最近发展区”
- 目标性
  - 把握目标的方向性和指导性
  - 注重教育目标实施过程的动态管理
- 主体性
  - 准确把握儿童发展的特点和现状
  - 在活动之前还要善于激发学前儿童的学习兴趣和动机
- 科学性、思想性
  - 教育内容应是健康、科学的
  - 教育要从实际出发，对儿童健康发展有利
  - 教育设计和实施要科学、正确
- 充分发掘教育资源，坚持开放办学
  - 与家长合作共育
  - 开门办学，与社区合作
  - 学前教育机构、家庭、社区一致

- 一般原则
  - 整合性(综合性)
    - 活动目标的整合
    - 活动内容的整合
    - 教育资源的整合
    - 活动形式和活动过程的整合

巧学妙记

尊严权益要记清，发展目标主体性。科学思想不犯错，开放办学多整合。

补充：

遵循发展适宜性原则包含的几层含义

- 含义
  - 既符合儿童的现实需要，又有利于其长远发展
  - 既适合儿童的现有水平，又有一定的挑战性
  - 教育必须促进儿童体、智、德、美诸方面全面发展
  - 为每个儿童着想，关注个体差异

二、学前教育的特殊原则

- 特殊原则
  - 保教合一(保教结合或保教并重)
    - 保育和教育是幼儿园两大方面的工作
    - 保育和教育工作相互联系、相互渗透
    - 保育和教育是在同一过程中实现的
    - 良好的工作伙伴与师生关系是实现保教合一的前提
    - 建立良好的师生关系
  - 以游戏为基本活动
    - 游戏是儿童最好的一种学习方式
    - 游戏是内容和形式的结合
  - 教育的活动性和直观性
  - 生活化和一日活动整体性
    - 教育生活化
    - 生活教育化
    - 发挥一日活动整体功能

补充：

1. 保教合一的原则，也称保教结合或保教并重，指对幼儿保育和教育要给予同等的重视，并使两者相互配合。它是我国幼儿教育中所特有的一条原则，可以

说具有很强的中国特色。幼儿园保育和教育不可分割的关系是由幼教工作的特殊性和幼儿身心发展的特点决定的。

2. 游戏是学前教育机构的基本活动。游戏最符合儿童身心发展的特点，是儿童最愿意从事的活动，最能满足儿童的需要，有效地促进儿童发展，具有其他活动所不能替代的教育价值。

3. 对学前儿童的教育应考虑体现直观形象性。

（1）教师要根据儿童不同年龄的身心发展水平，运用各种形式的直观教学手段，从具体的、有情节的事物向无情节的事物过渡，从实物类型的直观向图片、模型、语言直观等过渡。

（2）教师通过演示、示范、运用范例等直观教学手段，变抽象为形象，化枯燥为生动的同时，还可以辅以形象生动的、声情并茂的教学语言，帮助儿童理解教学内容。

（3）通过具体可见或可操作的活动，使儿童比较容易直观形象地理解所学的内容，更快地获得各种知识经验。

实战演练

1. 简述学前教育目标的内涵。
2. 简述现代幼儿园教育目标的特点。
3. 简述制定幼儿园教育目标的依据。
4. 简述学前教育目标的结构及层次。
5. 简述幼儿园教育的特点。
6. 简述学前教育的一般原则。
7. 简述学前教育的特殊原则。
8. 简述我国幼儿园的保教目标。
9. 简述幼儿园教育的双重任务。
10. 简述新时期幼儿园教育双重任务的特点。

第四章　幼儿园全面发展教育

思维导图

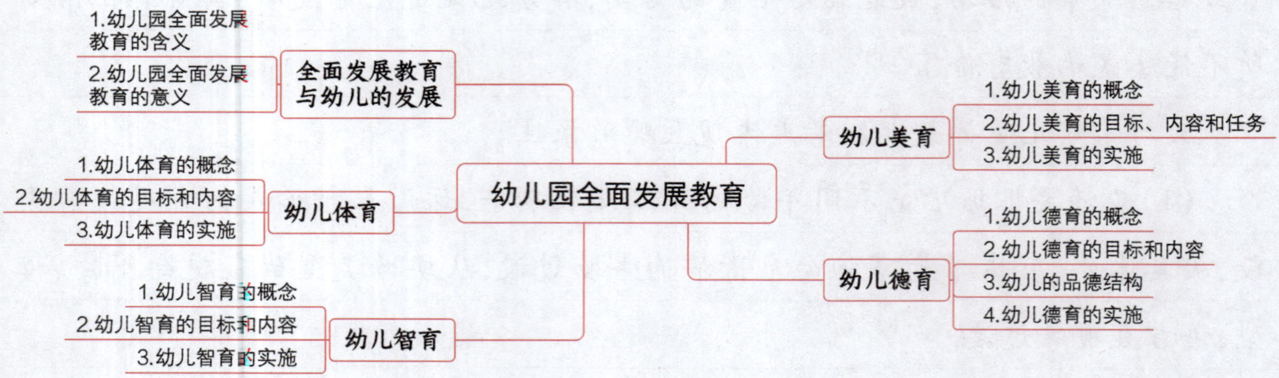

要点精讲

第一节　全面发展教育与幼儿的发展

一、幼儿园全面发展教育的含义

幼儿园全面发展教育是指以幼儿身心发展的现实与可能为前提，以促进幼儿在体、智、德、美诸方面全面和谐发展为宗旨，并以适合幼儿身心发展特点的方式、方法、手段加以实施的，着眼于培养幼儿基本素质的教育。对幼儿实施全面发展教育是我国幼儿教育的基本出发点，也是我国幼儿教育法规所规定的幼儿教育的任务之一。

二、幼儿园全面发展教育的意义

知识1　体、智、德、美的意义

	对幼儿个体发展的意义	对社会的意义
体育	促进幼儿正常生长发育；增强幼儿体质，提高幼儿身体素质，为幼儿的心理发展提供物质基础	幼儿的健康水平从一定程度上影响着一个国家和民族的健康水平
智育	为幼儿以后从事系统、深化的智力活动奠定良好的基础	培养具有良好智能结构的社会主义事业的建设者和接班人，成为智育的目标和任务

续表

	对幼儿个体发展的意义	对社会的意义
德育	幼儿在发展个性的同时，掌握社会行为规范，形成初步的道德认识和正确的道德行为和情感，以适应社会生活	加强德育，让幼儿健康成长，不仅对幼儿及其家庭，还对全社会具有重要的意义
美育	感染和熏陶幼儿的心灵，发展积极向上的精神和活泼开朗的性格，产生美好的情感和情绪体验；帮助幼儿开阔视野，增长知识，发展智力；帮助幼儿借助形象化的方式认识世界，有利于促进幼儿大脑左右半球的均衡发展	幼儿美育是社会精神文明建设的组成部分

知识 2 体、智、德、美四育的关系

体、智、德、美四育在幼儿的发展中具有各自独特的作用，具有各自不同的价值，不能相互取代。但必须注意，体、智、德、美诸方面统一于幼儿个体的身心结构之中，体、智、德、美任何一方面的发展都与其他方面的发展相互促进、相互渗透、相互制约，不可分割。

第二节　幼儿体育

一、幼儿体育的概念

幼儿体育是指在幼儿园进行的，遵循幼儿身体生长发育的规律，运用科学的方法以增强幼儿的体质、保证幼儿健康为目的的一系列教育活动。

二、幼儿体育的目标和内容

知识 1 幼儿体育的目标

幼儿体育的目标：促进幼儿身体正常发育和机能协调发展，增强体质，增进健康，培养良好的生活、卫生习惯和参加体育活动的兴趣。

促进幼儿身体正常发育，是保证幼儿各方面健康发展的前提。幼儿适应环境和抗疾病能力的强弱是体质好坏的主要标志。

知识2 幼儿体育的内容

(1)促进幼儿健康成长；

(2)发展幼儿的基本动作；

(3)培养幼儿良好的生活、卫生习惯；

(4)增强幼儿的自我保护意识。

三、幼儿体育的实施

知识1 实施幼儿体育的途径

- 途径
  - 为幼儿创设良好的生活环境，科学护理幼儿的生活
    - 物质环境的创设
    - 心理环境的创设
  - 精心组织各项体育活动，提高幼儿健康水平
    - 内容
      - 基本动作练习
      - 基本体操
      - 体育游戏
    - 组织形式
      - 早操(课间操)
      - 体育活动
      - 户外体育活动
    - 体格锻炼
      - 专门的体格锻炼(三浴锻炼)
      - 日常生活中的锻炼

知识2 实施幼儿体育应注意的问题

- 应注意的问题
  - 注重幼儿身体素质的提高
  - 重视培养幼儿对体育活动的兴趣和态度
  - 专门的体育活动与日常活动相结合
  - 注意体育活动中教师的指导方式

补充：

幼儿体格锻炼的途径一般可分为两大类：(1)专门的体格锻炼，又称三浴锻炼。(2)日常生活中的锻炼。

第三节　幼儿智育

一、幼儿智育的概念

幼儿智育是有目的、有计划地让幼儿获得粗浅的知识技能，发展智力，增进对周围事物的求知兴趣、学习“如何学习”，并养成良好学习习惯的教育过程。幼儿智育应当根据幼儿发展的特点来进行。

二、幼儿智育的目标和内容

知识 1　幼儿智育的目标

幼儿智育的目标：培养幼儿的学习兴趣和求知欲望，发展幼儿智力，培养正确运用多种感官和运用语言的基本技能，以及初步的动手能力。

感知能力的培养是幼儿园智育的基础和重要内容，也是幼儿园智育区别于小学的一个重要特征。

知识 2　幼儿智育的内容

内容：
- 发展幼儿的智力（思维力是智力的核心）
- 引导幼儿获得粗浅的知识
- 培养幼儿求知的兴趣和欲望以及良好的学习习惯

三、幼儿智育的实施

知识 1　实施幼儿智育的途径

途径：
- ①组织多种形式的教育活动，发展幼儿智力
- ②创设宽松、自由的环境，让幼儿自主活动

指导：教育活动是有效途径；实践活动是主要途径；日常生活活动是重要途径。

知识 2　实施幼儿智育应注意的问题

(1)处理好智力与知识技能之间的关系；

(2)重视幼儿非智力因素的培养（非智力因包括情感、意志、性格、兴趣等）；

(3)注意幼儿知识的结构化。

第四节 幼儿德育

一、幼儿德育的概念

社会道德在个体身上再现为道德品质，德育实质上就是社会道德个体化的过程。

幼儿德育是道德教育的起始阶段，是根据幼儿身心发展的特点和实际情况，对幼儿实施的品德教育。

二、幼儿德育的目标和内容

知识1 幼儿德育的目标

《幼儿园工作规程》规定幼儿德育的目标是：萌发幼儿爱祖国、爱家乡、爱集体、爱劳动、爱科学的情感，培养诚实、自信、友爱、勇敢、勤学、好问、爱护公物、克服困难、讲礼貌、守纪律等良好的品德行为和习惯，以及活泼开朗的性格。

幼儿德育的目标强调从情感入手，符合幼儿品德形成和发展的规律，符合幼儿的年龄特点。

知识2 幼儿德育的内容

- 内容
  - 发展幼儿的社会性
    - 培养爱的情感
    - 形成必要的社会行为规范
    - 学习人际交往技能和能力
  - 发展幼儿个性（良好个性品质）

三、幼儿的品德结构

- 结构
  - 道德认知（导向作用）
  - 道德情感（认知和鉴别、动力和调节功能）
  - 道德意志（控制和调节作用）
  - 道德行为（道德品质的外在表现）

四、幼儿德育的实施

知识 1 实施幼儿德育的途径

途径：
- 日常生活是实施幼儿德育最基本的途径
- 专门的德育活动是实施幼儿德育的有效手段
- 利用游戏培养幼儿良好的道德行为(基本形式)

知识 2 实施幼儿德育应注意的问题

应注意的问题：
- 热爱与尊重幼儿
- 遵从德育的规律实施德育
- 重视指导幼儿行为的技巧

第五节　幼儿美育

一、幼儿美育的概念

幼儿美育是美育的一部分，是根据幼儿身心特点，利用美的事物和丰富的审美活动来培养幼儿感受美、表现美的情趣和能力的教育。

二、幼儿美育的目标、内容和任务

知识 1 幼儿美育的目标

幼儿美育的目标是培养幼儿初步感受美、表现美的情趣和能力。

知识 2 幼儿美育的内容

内容：
- 培养幼儿的审美感知
- 培养幼儿的审美情感
- 培养幼儿的审美想象和创造(幼儿表现美的核心)

知识 3 幼儿美育的任务

任务：
- ①教给幼儿关于音乐、舞蹈、美术、文学等方面的粗浅知识和技能，培养幼儿对艺术的兴趣
- ②初步发展幼儿对周围生活、大自然、文学艺术美的感受力、表现力和创造力

补充：

1. 培养幼儿对美的感受力

(1)培养儿童对美的感受力就是培养他们对自然美、社会美和艺术美的较灵敏的感知能力和正确的理解评价能力以及相应的情感体验；要培养儿童对美的感受力，就要教他们欣赏一些美术作品、歌曲、乐曲和文学作品，评价人们的道德行为等。

(2)培养儿童对美的感受力，主要是发展儿童感官的感知能力，因为感官是感知美的基础。应培养儿童理解美，对美产生情感与反应的能力；培养儿童对美的评价能力。

2. 发展儿童对美的表现力和创造力

发展儿童对美的表现力和创造力，是指发展儿童在感受美、理解美的基础上创造性地表现美的能力。

发展儿童对美的表现力和创造力，主要包括发展儿童的创造性想象，培养儿童善于动脑构思，用手操作和实践的习惯。

三、幼儿美育的实施

知识 1　实施幼儿美育的途径

途径：
- 艺术教育是幼儿美育的主要途径
- 幼儿的日常生活是美育的重要途径
- 大自然、大社会是幼儿美育的广阔天地

知识 2　实施幼儿美育应注意的问题

应注意的问题：
- 幼儿园美育是面向全体幼儿的
- 重视通过美育培养幼儿健全的人格
- 重视培养幼儿的想象力和创造力

指导：实施幼儿美育应注意的问题常以简答的形式考查。

实战演练

1. 简述幼儿体育的内容。
2. 简述实施幼儿体育的途径。
3. 简述实施幼儿体育应注意的问题。
4. 简述实施幼儿智育的途径。
5. 简述实施幼儿智育应该注意的问题。
6. 简述幼儿德育的内容。
7. 简述实施幼儿德育的途径。
8. 简述实施幼儿德育应注意的问题。
9. 简述幼儿美育的内容。
10. 简述实施幼儿美育的途径。
11. 简述实施幼儿美育应注意的问题。
12. 简述幼儿园全面发展教育的含义。
13. 简述幼儿园全面发展教育的意义。
14. 简述幼儿智育的内容。
15. 简述幼儿的品德结构。
16. 简述幼儿美育的任务。

第五章　幼儿教师和幼儿

思维导图

- 幼儿教师和幼儿
  - 幼儿教师
    - 1.幼儿教师劳动的特点
    - 2.幼儿教师的职业角色特点
    - 3.不同理论中的幼儿教师
    - 4.现代幼儿教师的角色分析
    - 5.幼儿教师的职业素养
    - 6.幼儿教师的专业心理素质
  - 儿童观
    - 1.儿童观的内涵
    - 2.儿童观的价值取向
    - 3.儿童观的发展演变
    - 4.正确儿童观的树立
  - 师幼关系与互动的原理和策略
    - 1.教师的“教”和幼儿的“学”
    - 2.师幼关系的内涵及其构建方法

要点精讲

第一节　幼儿教师

一、幼儿教师劳动的特点

(1)劳动对象的主动性和幼稚性；

(2)劳动任务的全面性(综合性)和细致性；

(3)劳动过程的创造性(教育机智)和复杂性；

(4)劳动手段的主体性和示范性；

(5)劳动周期的长期性和间接性；

(6)幼儿教师劳动的整体性。

指导：幼儿教师劳动的特点常以单项选择、多项选择的形式考查。

二、幼儿教师的职业角色特点

角色特点：
- 儿童一日生活的支持者、引导者和组织者
- 儿童社会沟通的中介者：
  - 要理解孩子的内心世界
  - 运用谈话的技巧
  - 要与孩子建立平等关系，不要居高临下
  - 注重孩子的兴趣
  - 教师用语通俗易懂
  - 重视运用非语言沟通策略
- 社区资源的整合者

三、不同理论中的幼儿教师

理论名称	代表人物	不同理论中的幼儿教师
成熟主义理论	格塞尔	幼儿身心发展的观察者和研究者
精神分析理论	弗洛伊德	幼儿自我实现和人格建构的支持者和引导者
行为主义理论	华生	管理、通过不同手段强化、评价幼儿的学习，幼儿学习的榜样
建构主义理论	皮亚杰	幼儿学习环境的创设者、学习的支持者、学习的观察者和研究者
社会建构主义理论	维果斯基	选择适宜幼儿成长并能促进其发展的教学内容和方法；帮助幼儿的学习

四、现代幼儿教师的角色分析

角色分析：
- 教育者：
  - 班级物质环境和文化环境的创设者
  - 观察者和研究者
  - 榜样和示范者
  - 学习的引导者

- 角色分析
  - 公共关系的协调者
  - 幼儿游戏的伙伴
  - 幼儿的第二任母亲，也是幼儿的知心朋友
  - 既是学前教育实践者，也是学前教育理论的研究者和建构者

五、幼儿教师的职业素养

- 职业素养
  - 幼儿教师的职业道德
    - 对待事业，要爱岗敬业（基本前提）
    - 对待幼儿，要接纳热爱（核心）
    - 对待家长，要尊重合作
    - 对待同事，要团结协作
    - 对待自己，要以身作则（良好的道德修养）
  - 幼儿教师的儿童观和教育观
    - 儿童权利观和民主平等的师生观
    - 儿童特质观和适宜教育观
    - 幼儿主体观和幼儿教育方法观
  - 幼儿教师的专业知识和技能
    - 幼儿教师的知识结构
      - 广博的文化基础知识
      - 扎实的幼儿教育理论基础
    - 幼儿教师的能力结构
      - 观察和了解儿童的能力
      - 设计教育活动的能力
      - 组织管理能力
      - 对幼儿进行行为辅导的能力
      - 沟通的能力
      - 独立思维与创造的能力
      - 适应新情境的能力
      - 及时转变角色的能力
      - 评价和反思能力

- 职业素养
  - 良好的心理素质
    - 幼儿教师的教育信念
    - 幼儿教师的情感特征
    - 幼儿教师的教育机智
    - 幼儿教师的个性
  - 健康的身体素养

指导：教育机智的表现有因势利导、随机应变、对症下药、掌握教育分寸。

补充1：

- 幼儿教师应具备的主要人格特征
  - 正确的动机
  - 成熟的自我意识
  - 良好的性格

补充2：

提高教师与幼儿言语沟通质量的具体技能

- 技能
  - 引发交谈的技能
  - 倾听的技能
  - 扩展谈话的技能
  - 面向全体、注意差异、有针对性的谈话技能
  - 结束交谈的技能

六、幼儿教师的专业心理素质

- 专业心理素质
  - 教学心理素质
    - 教学观念
    - 教学效能感
    - 教学控制点
    - 教学监控能力
    - 情感投入
  - 专业人格特征
    - 激励性人格：热情、期望与支持
    - 灵活变通性
    - 爱心与同理心
    - 情绪稳定

知识拓展

教师反思的几种主要形式

- 回顾式反思（“倒退着思考”的过程）
- 慎思熟虑式反思（教师有意识地对所面临的实际问题与想象中的各种可能的解决方法之间建立连接）
- 行动中反思（不断地在行动过程中进行与问题情境的“对话”）
- 觉察意识式反思（个体本身对事实、表征以及信息的一种主动积极的转变）

第二节　儿童观

一、儿童观的内涵

儿童观是成人如何看待和对待儿童观点的总和。儿童观的结构可以分为自然的、社会的和精神的三个层面，即承认儿童是自然的、社会的和精神的存在。

二、儿童观的价值取向

类型	国家本位的儿童观	家族本位的儿童观	个人本位的儿童观
概念	以国家利益为根本出发点，在国家利益和家族、个人利益出现矛盾时，将国家利益放在首位	以家族利益为根本出发点，在家族利益和国家、个人利益出现矛盾时，将家族利益放在首位	以儿童利益为根本出发点，在个人利益和国家、家族利益出现矛盾时，将个人利益放在首位
表现	将儿童看成国家的财富、未来的劳动者，是国家延续与富强的一种“工具”	将儿童作为家族的“私有财产”，是家族继承、繁衍和光宗耀祖的“工具”	从儿童自身发展的需要和规律出发看待儿童的成长、教育等问题

三、儿童观的发展演变

古代的儿童观	近代的儿童观	现代社会的儿童观
①以成人为本，儿童对成人具有依附关系，儿童没有作为人的权利； ②儿童是国家未来的兵源和劳动者，是家族香火的"延续"，是光宗耀祖的"希望"； ③人们对儿童的特质和能力有了最初的认识，认为儿童是"无知无能"的，具有"可塑性"； ④以男性为中心，男尊女卑，女童的地位极其低下	①对儿童有了"新的发现"，人们开始意识到儿童作为一个独立个体所具有的价值和权益； ②儿童具有天赋力量，具有可发展的潜能； ③女子的地位有所改善，但男女不平等的问题依然存在	①儿童是人，具有与成年人一样的人的一切基本权益，具有独立的人格； ②儿童是一个不断发展的整体，应尊重并满足儿童各种发展的需要； ③儿童的发展具有个体差异性； ④儿童具有巨大的发展潜能； ⑤儿童具有主观能动性； ⑥男女平等

四、正确儿童观的树立

正确儿童观
- 儿童有各种合法权利
- 儿童的成长受制于多种因素
  - 生物因素是儿童成长的生理基础
  - 社会因素是儿童成长的关键条件
  - 儿童的主观能动性
- 儿童发展的潜力要及时挖掘
- 儿童是连续不断发展的
- 儿童发展具有差异性
  - 儿童的发展有性别差异
  - 儿童的发展有个体差异
  - 儿童的发展有文化差异
- 儿童通过活动得到发展
  - 实物操作活动
  - 人际交往活动
- 儿童发展的整体性

第三节　师幼关系与互动的原理和策略

一、教师的"教"和幼儿的"学"

幼儿园教育活动中包含着教师的"教"和幼儿的"学"这两类活动。师幼互动是指发生在师幼之间的交互作用和影响。幼儿园师幼互动是指发生在幼儿园的教师与幼儿之间的相互作用、相互影响的行为和过程的综合。

知识1　教师"教"的活动

- 途径
  - 直接"教"的方式（要注意的问题）
    - 变单向的"教"为双向的交流
    - 变单一的言语传授为多样化的教育手段
    - 重视情感效应
    - 重视幼儿的个别差异，因人施教
    - 重视随机地"教"
    - 直接"教"和间接"教"相结合
  - 间接"教"的方式（要注意的问题）
    - 与直接"教"的方式相结合
    - 正确的角色定位
    - 环境适应幼儿的年龄特点和个别差异

补充1：

教师是"教"的主体（教师是"教"的活动的领导者、组织者）

补充2：

直接"教"和间接"教"的优缺点

	优点	缺点
直接"教"	①清楚明确、系统有序、省时经济；②促进幼儿学习和发展	①因为知识和理解能力缺乏，幼儿对"教"的内容难以真正理解和运用；②教师和幼儿之间难以双向交流，容易形成教师向幼儿的单向灌输；③幼儿自主学习机会少，其主动性、创造性难以发挥

续表

	优点	缺点
间接“教”	①充分发挥幼儿的自主性，幼儿通过尝试主动学习和发展，获得的都是有意义的直接经验，有利于从根本上发展幼儿的兴趣、情感、能力，等等；②教师以平等姿态参与幼儿活动，不但丰富了幼儿的交往，也有利于提高活动的效果；③以自然的方式接近幼儿的生活，甚至与幼儿的生活完全融合，幼儿会不知不觉地接受教育影响	①幼儿获得的知识、经验容易陷入表面、缺乏系统，有时甚至会得出错误结论； ②与直接“教”相比，间接“教”的指导困难得多，其虽有一定规律可循，但却没有一个固定、统一的模式可套用，要求教师有较高的技能技巧，特别是需要教育的灵活性、随机性

知识2 幼儿“学”的活动

幼儿“学”的活动：
- ①幼儿是自身学习的主体
- ②幼儿的“接受学习”和“发现学习”
- ③影响幼儿学习的内外因素（外部因素：家庭条件、幼儿园教育水平、幼儿园环境条件的好坏等。内部因素：智力因素和非智力因素）

补充：

接受学习和发现学习

1. 接受学习

“接受学习”，是指学习者主要通过教师的言语讲授获得知识、技能、概念等的学习方式。如果教师能按照幼儿的身心特点来讲课，让幼儿发挥主体性，学有兴趣，把教师传授的东西积极地消化、吸收，转化为自己的东西，而不是死记硬背，幼儿这样的学习是主动的、有意义的学习。把“教师讲、幼儿听”笼统地斥为机械灌输的说法是不对的。

2. 发现学习

“发现学习”是指幼儿通过动手操作、亲自实践、与人交往等去发现自己原来不知道的东西，从而获得各种直接经验、体验以及思维方法的学习方式。在幼儿期，这是比“接受学习”更适合幼儿的一种学习方式，特别有利于发挥幼儿的主体性，如激发幼儿的学习动机、发展其分析和解决问题的能力、培养主动参与的积极态度等。因此，幼儿的学习是否有意义，关键是教师能否激发幼儿的主动性，而不在于教给幼儿采用哪种学习方式。

知识3 “教学的主人”和“学习的主人”的关系

（1）幼儿教师在幼儿教育过程中处于主导地位，发挥着领导、组织、教育、养护等作用。

（2）幼儿教师的主导作用和幼儿主动积极性的发挥，两者相互制约、相互依存。

（3）幼儿教师主导作用的充分发挥，是幼儿主动积极性形成的前提条件；反过来，幼儿的主动积极性是幼儿教师发挥主导作用的基础，是衡量幼儿教师主导作用的一个标尺，也是幼儿教师发挥主导作用所要达到的目标之一。

二、师幼关系的内涵及其构建方法

知识1 师幼关系的内涵

师幼关系是指幼儿教师与幼儿在保教过程中形成的比较稳定的人际关系。相对于亲子关系和同伴关系，师幼关系对幼儿的学习和幼儿园适应方面的影响最为突出。

知识2 师幼互动与师幼关系

师幼互动或师幼交往与师幼关系有十分密切的联系。一方面，师幼互动或师幼交往是师幼关系形成的必要条件，没有师幼之间的互动或交往，师幼之间就不可能形成良好而稳定的关系。另一方面，在日常生活中各种形式的师幼互动或师幼交往是师幼关系形成的过程，师幼互动或师幼交往的性质、程度、过程等影响着师幼关系的性质和质量。师幼关系取决于师幼互动或师幼交往的过程和内容。

知识 3 良好师幼关系的特征

特征
- 互动性
- 民主性
- 互主体性
- 分享性
- 激励性

指导：良好师幼关系的特征常以单项选择、案例分析的形式考查。

知识 4 建立良好师幼关系的策略

策略
- 关爱幼儿（基本要求）
- 与幼儿经常性的平等交谈
- 参与幼儿的活动
  - 以普通的活动参与者心理参与
  - 积极主动地与幼儿交往
  - 对幼儿和幼儿的活动真正关注并感兴趣
- 与幼儿建立个人关系
- 积极回应幼儿的社会性行为
  - 理解与宽容地对待幼儿的错误
  - 帮助幼儿形成良好的同伴关系
  - 帮助幼儿摆脱不良行为习惯

指导：建立良好师幼关系的策略常以简答、案例分析的形式考查。

实战演练

1. 简述幼儿教师劳动的特点。
2. 简述幼儿教师的职业角色特点。
3. 简述现代幼儿教师的角色分析。
4. 简述良好师幼关系的特征。
5. 简述幼儿教师的能力结构。
6. 简述现代社会的儿童观。
7. 简述正确儿童观的内容。
8. 简述直接“教”的方式要注意的问题。
9. 简述建立良好师幼关系的策略。

第六章　幼儿园教育活动

思维导图

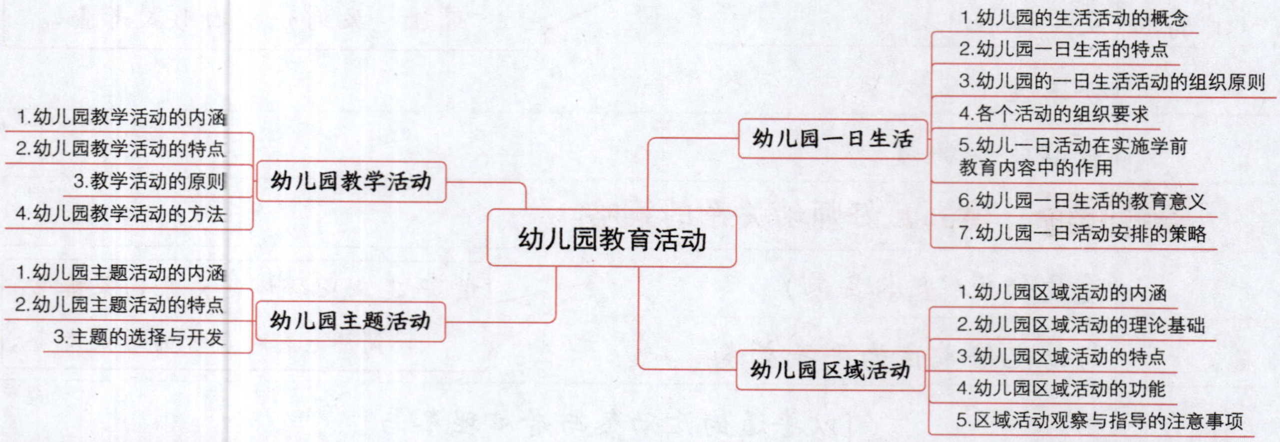

要点精讲

第一节　幼儿园教学活动

一、幼儿园教学活动的内涵

狭义的幼儿园教学活动是指教师根据国家的学前教育目标和任务，结合社会的需求和学前儿童身心发展规律而专门设计的、多种形式的、有目的、有计划地引导学前儿童生动活泼、主动活动的学习活动，它是学前儿童全面发展教育的重要手段。

二、幼儿园教学活动的特点

特点：
- 启蒙性
- 整合性
- 生活性
- 趣味性
- 动态性

指导：幼儿园教学活动的特点常以单项选择或多项选择的形式考查。

幼儿园教育活动的启蒙性是指幼儿园教育活动必须符合幼儿身心发展水平和年龄特征，使幼儿获得的知识是粗浅的、基础的、具体的、容易理解的、简单的知识和技能。启蒙性首先体现在活动的内容必须符合幼儿的年龄特征。其次，体现在活动方式上着重让幼儿感知、体验、具体操作及尝试。再次，教师的语言应生动形象，浅显易懂。

三、教学活动原则

原则：
- 活动性（通过感知、操作、体验、交流来进行学习）
- 发展性
- 科学性和教育性（科学性、思想性）
- 连续性和渗透性教学
- 集体教学活动与个别教学活动相结合
- 整体性和一致性
- 直接指导与间接影响相结合
- 巩固性

四、幼儿园教学活动的方法

方法：
- 游戏法（主要方法）
- 直观法（演示、示范、运用范例属于直观法）
- 观察法（基本方法）
- 操作法（按照一定的要求和程序通过自身的实践活动进行学习）
- 发现法（由美国心理学家布鲁纳所倡导）
- 实践法（又称为活动法，是典型的“做中学”的方法）
- 口授法（主要包括讲解、讲述、提问、谈话、讨论等）
- 电教法（具有生动活泼、具体形象、富于吸引力和感染力等特点）

第二节　幼儿园主题活动

一、幼儿园主题活动的内涵

主题活动是指围绕着贴近儿童生活的某一中心内容即主题作为组织课程内容的主线来组织教育教学的活动。

它打破学科领域的界限，根据主题的核心内容，确定主题展开的基本线索，再顺着这些基本线索，确定主题的具体内容，并创设相应的教育环境，组织开展一系列的教育教学活动。

二、幼儿园主题活动的特点

特点
- 知识的横向联系
- 整合各种教育资源
- 生活化、游戏化的学习
- 富有弹性的计划
- 需要刻意遵循儿童"前学科"知识经验的建构规律

指导：幼儿园主题活动的特点常以单项选择和简答的形式考查。

三、主题的选择与开发

知识1 选择、开发主题的依据

依据
- 儿童的兴趣、需要及其教育价值
- 有可整合的教育内容和资源
- 学前教育目标

知识2 常见的主题开发与选择

类型
- 围绕儿童自身开展的主题
- 围绕自然环境开展的主题
- 围绕社会环境与生活开展的主题
- 围绕人类与科学技术开展的主题
- 围绕重大事件开展的主题

第三节 幼儿园区域活动

一、幼儿园区域活动的内涵

区域活动指的是教师以教育目标、儿童感兴趣的活动材料和活动类型为依据，将活动室的空间相对划分为不同区域，吸引儿童自主选择并在活动区中通过与材料、环境、同伴的充分互动而获得学习与发展的活动。

二、幼儿园区域活动的理论基础

理论基础
- 皮亚杰的认知发展理论为区域活动奠定了理论基础
- 维果斯基的"最近发展区"理论也是区域活动的重要理论依据

三、幼儿园区域活动的特点

特点
- 儿童自选活动内容
- 儿童的自主性活动
- 小组和个体活动

四、幼儿园区域活动的功能

在不同的区域中，儿童通过操作不同的材料会获得不同的“关键经验”。除了独特的“关键经验”之外，区域活动还有综合的教育功能。下面，用下表举一个例子说明这点。

积木区的教育功能分析

一级功能	二级功能	具体分析
认知发展	①认识基本形状； ②学习分类、排序； ③形成数概念； ④感知比例关系； ⑤比较大小、多少、长短、厚薄； ⑥发展空间想象力； ⑦获得平衡、对称、重心等概念	积木均为最基本的几何形状，具有高度的可塑性和无限的组合性，幼儿在组合和排列积木的时候，往往会获得这些认知
情感、社会性发展	①培养专注力； ②学习协调、沟通等人际交往技能； ③获得合作、分享经验； ④学习解决纠纷和冲突； ⑤体验创造与成功的喜悦； ⑥发展美感	搭建积木往往需要同伴之间的交往和合作。当幼儿将一块积木放在不同的位置时，就会获得新的意义，这样幼儿的求异思维和创造性潜能会得到充分的发挥
动作技能发展	①手眼协调的能力； ②大肌肉和小肌肉动作发展	大中型积木发展幼儿的大肌肉，小型积木或插塑会发展幼儿的小肌肉

五、区域活动观察与指导的注意事项

注意事项：
- 尽量让儿童自己去探索、发现、思考，不急于提供答案
- 应加强区域间的配合、渗透，加强横向联系
- 保证区域活动的时间和空间（必要条件）

知识拓展

活动区的布局策略：
- ①干湿分区：美工区、科学区要用水，而图书角不需要水，应该分开
- ②动静分区：建构区、表演区、音乐区等与图书区、数学区等分开
- ③相对封闭性：由于界限不明晰，会导致儿童无目的地“乱窜”
- ④就近：美工区由于经常需要用水，最好离水源近一些
- ⑤方便通畅

第四节　幼儿园一日生活

一、幼儿园的生活活动的概念

概念：
- 广义：
  - 教师组织的活动（如幼儿的生活活动、劳动、教学活动等）
  - 幼儿的自主自由活动（如自由游戏、区角自由活动）
- 狭义：进餐、饮水、睡眠、盥洗、如厕等

二、幼儿园一日生活的特点

特点：
- 自在性
- 习惯性
- 情感性

习惯性的表现：在日常生活活动中，学前儿童的能力和习惯形成是日积月累的，并具有反复的特点。学前儿童良好行为习惯的养成贯穿于日常生活的方方面面，与他们各方面的发展有着紧密的联系。

巧学妙记

习惯情感自在。

三、幼儿园一日生活活动的组织原则

原则：
- 保教结合
- 一致性和灵活性相结合
- 全面管理与个别照顾相结合
- 支持性与主动性相结合
- 丰富性与流畅性相结合

指导：幼儿园一日生活活动的组织原则常以单项选择、简答、案例分析的形式考查。

四、各个活动的组织要求

各个活动：
- 接待幼儿入园
  - 接待幼儿
  - 晨、午、晚间的检查及全日观察
  - 幼儿活动指导
- 早操（或间操）
- 有组织的教育活动
- 间隙活动
- 游戏或自由活动
- 盥洗（应使用流动水，每个幼儿要用各自的毛巾）
- 进餐（包括早餐、午餐、晚餐和午睡后的点心）
- 睡眠
- 午点
- 户外游戏
- 劳动
- 散步
- 实验操作活动
- 离园
- 晚间活动（组织一些安静的、活动量小的活动）

指导：晨检的步骤可概括为一问、二摸、三看、四查。

指导：全日健康观察的重点是精神、食欲、大小便、体温及睡眠情况。

补充：

照顾好幼儿睡眠的三条标志：一是按时睡，睡得好，按时醒，醒后精神饱满愉快；二是睡够应睡的时间，要以孩子为主，不能任意减少或增加睡眠时间；三是保持良好的睡眠姿势和习惯。

五、幼儿一日活动在实施学前教育内容中的作用

作用：
- 使学前儿童尽快适应学前教育机构里的生活，为今后的发展打下基础
- 使学前儿童愉快地度过每一天
- 日常生活是学习的重要途径

六、幼儿园一日生活的教育意义

教育意义：
- 保护幼儿身体的健康发育
- 有利于幼儿心理的健康发展
- 培养幼儿良好的生活习惯
- 促进幼儿的学习
- 是全面完成幼儿园教育任务的保证

七、幼儿园一日活动安排的策略

(1)把幼儿园一日活动列入教育计划，保证幼儿身心得到全面、充分、主动的发展；

(2)要制定一日生活常规；

(3)要把组织的集体教育活动和分散的个体活动结合起来；

(4)处理好自由与纪律的关系；

(5)要面向全体幼儿；

(6)保教结合、教养并重。

补充：

合理的生活常规是适宜于幼儿且是幼儿身心健康发展所必需的。其合理性标准有三：

(1)保障幼儿健康安全之需。如不能独自离园、不打人、不玩危险游戏、饭前便后洗手等。

(2)保障集体生活及幼儿交往顺利进行之必需。如上课不随意走动或打断老师讲话、不随意拿他人玩具物品等。

(3)要符合幼儿年龄特点，是幼儿可以做到的。如上课40分钟要求幼儿一动

不动，就是超出幼儿能力范围，不符合幼儿年龄特点的生活常规的要求。

教学活动导入的方法
- 教具导入
- 演示导入
- 悬念导入
- 作品导入
- 游戏导入
- 歌曲导入
- 经验导入
- 直接导入

指导：教学活动导入的方法常以单项选择的形式考查。

实战演练

1. 简述幼儿园教学活动的特点。
2. 简述幼儿园教学活动的原则。
3. 简述幼儿园教学活动的方法。
4. 简述幼儿园一日生活的特点。
5. 简述幼儿园主题活动的特点。
6. 简述选择、开发主题的依据。
7. 常见的主题开发与选择的类型有哪些？
8. 简述幼儿园区域活动的特点。
9. 简述幼儿园的一日生活活动的组织原则。
10. 简述幼儿园一日生活的教育意义。
11. 简述幼儿园一日活动安排的策略。
12. 简述生活常规的合理性标准。

日期 | Date：

第七章　幼儿园游戏

思维导图

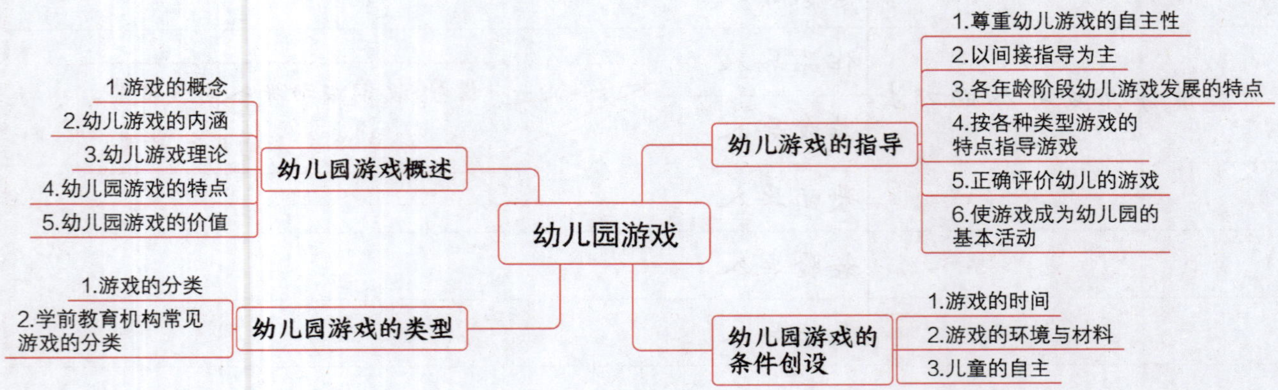

要点精讲

第一节　幼儿园游戏概述

一、游戏的概念

游戏是一种主动、自愿、愉快、假想的社会性活动，是学前儿童获得知识的最有效手段。

二、幼儿游戏的内涵

内涵：
- 是幼儿最喜爱的活动，是幼儿生活的主要内容
- 是幼儿对生长的适应，符合幼儿身心发展的特点
- 是幼儿的自发学习
  - 学习的目标是隐含的
  - 学习的方式是潜移默化的
  - 学习的动力来自幼儿内部

三、幼儿游戏理论

知识 1　早期的传统理论

理论	代表人物	观点
复演说	霍尔	游戏是远古时代人类祖先的生活特征在幼儿身上的重演

续表

理论	代表人物	观点
精力过剩说	席勒、斯宾塞	把游戏看作是幼儿借以发泄体内过剩精力的一种方式
机能快乐说	彪勒	游戏是幼儿从行动中获得机体愉快的手段
生活预备说	格罗斯	把游戏看作是幼儿对未来生活的无意识的准备

知识2 当代的游戏理论

理论	代表人物	观点
精神分析理论	弗洛伊德、埃里克森	①游戏是补偿现实生活中不能满足的愿望和控制创伤性事件的手段； ②在游戏中，幼儿可以"复活"他们的快乐经验，也能修复自己的精神创伤
认知动力说	皮亚杰	①游戏是幼儿认识新的复杂客体和事件的方法，是巩固和扩大概念、技能的方法，是使思维和行动结合起来的方法； ②幼儿在游戏时并不发展新的认知结构，而是努力使自己的经验适合于先前存在的结构，即同化； ③幼儿认知发展的阶段性决定了幼儿特定时期的游戏方式； ④皮亚杰认为，从认知活动的本质来看，游戏的特征是"同化"超过了"顺应"
学习理论	桑代克	游戏也是一种学习行为，遵循效果律和练习律，受到社会文化和教育要求的影响

知识拓展

中国的游戏理论：
- 游戏具有社会性
- 游戏是想象与现实生活的一种独特结合
- 游戏是幼儿主动参与的、伴有愉悦体验的活动

四、幼儿园游戏的特点

特点
- ①儿童自主自愿的活动（自由性）
- ②儿童重视的是游戏的过程，而非游戏的结果，无强制性的外在目的（非功利性）
- ③游戏是充满想象和创造的活动（想象性）
- ④游戏具有假想成分，是在假想的情景中反映社会生活，是虚构和现实统一的活动（虚构性和社会性）
- ⑤游戏是能给儿童带来积极情感体验的活动（愉悦性）
- ⑥游戏是具体的活动

补充：

幼儿对游戏的假想表现
- 对游戏角色的假想（以人代人）
- 对游戏材料的假想（以物代物）
- 对游戏情景的假想（情景转换）

五、幼儿园游戏的价值

价值
- 促进幼儿体力的发展
  - 有利于大肌肉的发展
  - 有利于小肌肉的发展
  - 有利于躯干肌肉的发展
  - 有助于感觉运动技能的提高
  - 有助于对身体机能的认知
- 促进幼儿智力的发展
  - 丰富知识
  - 提高感知能力
  - 激发想象力
  - 发展思维能力
  - 培养语言能力

- 价值
  - 促进幼儿创造力的发展
    - 提供宽松的心理氛围
    - 催发探究行为
    - 激发发散性思维
    - 提高创造性水平
  - 促进幼儿情感的发展
    - 有机会表现自己的情感
    - 充分体验到快乐
    - 帮助克服恐惧情绪
    - 进行情感宣泄
  - 促进幼儿社会性的发展
    - 有助于克服自我中心
    - 培养合群行为
    - 提高交往技能
    - 发展遵守规则的能力
    - 锻炼顽强的意志
  - 发展幼儿的美感
    - 游戏的设施有利于幼儿领略美
    - 游戏的内容有益于幼儿欣赏美
    - 游戏的成果有助于幼儿再现美
    - 游戏的过程有利于幼儿大胆创造美

指导：幼儿园游戏的价值是幼儿园教师招聘考试中的重点内容，常以单项选择、多项选择、填空、简答等的形式考查，考生需要重点记忆。

日期 | Date：

第二节　幼儿园游戏的类型

一、游戏的分类

- 类型
  - 以游戏活动中占优势的心理成分为依据的分类
    - 机能游戏
    - 想象游戏
    - 接受游戏
    - 制作游戏
  - 以认知发展为依据的分类
    - 感觉机能性游戏（练习性游戏或机械性游戏）
    - 象征性游戏（2～7岁）
    - 结构性游戏（建构游戏或造型游戏）
    - 规则性游戏（高级形式）
  - 以儿童社会性发展为依据的分类
    - 非游戏行为
    - 旁观游戏
    - 独立游戏
    - 平行游戏
    - 联合游戏
    - 合作游戏
  - 以游戏的教育作用为依据的分类
    - 角色游戏
    - 结构游戏
    - 表演游戏
    - 体育游戏
    - 智力游戏
    - 音乐游戏
    - 娱乐游戏

指导：在表演游戏中，儿童扮演的角色是以一定的故事或童话为依据；在角色游戏中，儿童扮演的角色既是生活印象的再现，又是儿童自由创造的表现。

- 类型
  - 以儿童行为表现为依据的分类
    - 语言游戏
    - 动作技能游戏
    - 想象游戏(象征游戏、戏剧游戏、假装游戏、假想游戏)
    - 交往游戏
    - 表演游戏
  - 以教育的目的性为依据的分类
    - 自发游戏
    - 教学游戏

补充1：

规则性游戏中的规则可以是由成人事先制定的，也可以是按照故事情节要求的，还可以是儿童按他们假设的情节自己规定的。这类游戏一般是4~5岁以后发展起来的。

补充2：

- 角色游戏的特点
  - 高度的独立自主性
  - 特殊的想象活动(象征性)
  - 社会性

二、学前教育机构常见游戏的分类

- 类型
  - 创造性游戏
    - 角色游戏
    - 结构游戏
    - 表演游戏
  - 有规则游戏
    - 体育游戏
    - 智力游戏
    - 音乐游戏

指导：学前教育机构常见游戏的分类多以单项选择、多项选择的形式考查。

这两类游戏有时是相互联系的。因为各种游戏包含的范围很广泛。有些有规则游戏其中也包含着创造性的成分，而创造性游戏在儿童还不会玩时，也需要教师的组织和指导。对幼儿园各种游戏及相互之间关系有具体了解，有助于我们更好地运用和指导幼儿的游戏。

第三节　幼儿园游戏的条件创设

一、游戏的时间

- 游戏的时间
  - 充足的时间是儿童游戏的前提
    - 巧妙利用各种时间进行游戏
    - 力争每次有较长的时间进行游戏
    - 使室内游戏时间与室外游戏时间基本均等
    - 合理安排集体游戏、小组游戏和个人游戏的时间
  - 减少过渡环节，提高单位时间内儿童游戏的有效时间

二、游戏的环境与材料

知识 1　游戏的环境

1. 游戏的空间环境

(1) 户外游戏场地

幼儿园室外可以规划自然区、玩沙区、玩水区、运动区、休闲区和活动材料区等游戏场地。

(2) 室内游戏场地

室内游戏场地主要指活动室。

(3) 安排游戏空间的注意事项

①维持适当的空间密度；

②开辟各种游戏区域；

③游戏场地要有吸引力；

④保证游戏场地的安全。

2. 游戏的心理环境

- 心理环境
  - 教师应建立与儿童民主、亲切、平等、和谐的关系
  - 建立互助、友爱的伙伴关系
  - 教师之间的真诚相待、友好合作，是儿童最好的榜样

知识 2 游戏的材料

游戏的材料：
- 广泛收集废旧物品
- 要为儿童提供足够的游戏材料
- 根据儿童的年龄特点提供游戏材料
- 提供与阶段教育目标、内容相匹配的游戏材料
- 尽量提供无固定功能的游戏材料
- 多提供中等熟悉和中等复杂程度的游戏材料
- 将游戏材料放在可见位置
- 变换游戏材料的陈列
- 形成超级组合游戏材料单元
- 鼓励幼儿自由使用游戏材料

三、儿童的自主

儿童的自主：
- 自主是儿童游戏重要条件
- 儿童在自主游戏中得到主动发展

第四节 幼儿游戏的指导

教师对幼儿游戏的指导必须以保证幼儿游戏的特点为前提。

一、尊重幼儿游戏的自主性

知识 1 尊重幼儿游戏的意愿和兴趣

幼儿是独立的人，因而有着他们自己的意愿和兴趣。显然，幼儿在按自己的意愿和兴趣活动时，他们对活动有很高的自主性。他们在游戏开始、进行、结束中都有自己的想法。教师应予以尊重。

知识 2 尊重幼儿游戏的氛围和游戏中的想象、探索、表现、创造

幼儿游戏时的氛围是幼儿积极主动参与游戏的结果，是游戏“假想”的特点在游戏中的体现。幼儿在游戏中想象、探索、表现、创造的时候，也是幼儿自主性得到极大提高和体现的时候，是游戏功能正在实现的时候，所以教师应予以尊重、鼓励。

二、以间接指导为主

- 以间接指导为主
  - 丰富儿童的生活经验（**生活经验**是幼儿游戏的基础和源泉）
  - 观察并合理参与儿童游戏
    - 游戏观察的内容
      - 游戏与环境（场地、材料的投放、时间的保证）
      - 游戏中的课程和教师
      - 游戏中的学前儿童
    - 游戏观察的方法
      - 扫描观察法（在游戏开始、结束时用）
      - 定点观察法（在游戏**过程中**运用）
      - 追踪观察法（全程、某一时段或某一情节使用）
    - 参与儿童的游戏
  - 教师对幼儿游戏的介入
    - 介入的角色定位
      - 非支持性角色（不参与者、导演者）
      - 支持性角色（旁观者、舞台管理者、共同游戏者、游戏带头人）
    - 介入的时机
      - 当游戏出现困难时介入
      - 当必要的游戏秩序受到威胁时介入
      - 当幼儿对游戏失去兴趣或准备放弃时介入
      - 在游戏内容发展或技能方面发生困难时介入
    - 介入的方式
      - 外部干预
      - 内部干预
    - 介入的方法
      - 参与式介入（平行式介入法、交叉式介入法）
      - 材料指引介入
      - 语言指导介入
    - 介入的注意点
      - 分层次指导
      - 慎扮“现实代言人”角色
      - 及时退出
  - 正面评价游戏

三、各年龄阶段幼儿游戏发展的特点

小班幼儿的游戏特点	中班幼儿的游戏特点	大班幼儿的游戏特点
①目的性不强； ②兴趣不稳定； ③兴趣持续时间短； ④重内容，轻规则	①游戏水平极大提高，需要不断拓展游戏空间； ②自主性与主动性进一步发展，需要宽松、安全的探索环境； ③同伴交往需求与能力进一步发展，需要良好的社会性发展氛围； ④想象的有意性水平提高，需要更大的表达与创造的空间； ⑤具体形象思维表现突出，需要具体的活动情境与活动形式	①游戏的自我评价能力逐步提升； ②合作意识逐渐增强； ③规则意识逐步形成； ④动作灵活、控制能力明显增强

四、按各种类型游戏的特点指导游戏

知识1 角色游戏的指导

1. 角色游戏组织与指导的原则

(1)主体性原则，允许幼儿自由选择游戏及游戏中的角色；(2)个性化原则，体现层次性，满足幼儿的发展需要；(3)开放、随机性原则，适时介入给予指导。

2. 角色游戏的指导环节与要点

- 角色游戏的指导要点
  - 角色游戏前期准备
    - 丰富幼儿的生活经验
    - 提供适合的场所以及丰富的游戏材料
    - 提供充足的游戏时间
  - 角色游戏过程中的现场指导
    - ①鼓励和启发幼儿按照自己的意愿自主确定游戏主题
    - ②教会幼儿分配游戏角色
    - ③观察、参与幼儿游戏，尊重幼儿个体差异性，给予适宜的指导
  - 角色游戏结束环节的指导
    - 愉快地结束游戏，培养幼儿对游戏的兴趣
    - 引导幼儿收拾游戏材料和场地，培养幼儿良好的习惯
    - 评价游戏，丰富幼儿的游戏经验，提升游戏水平

3. 各年龄段角色游戏的特点与指导要点

小班	特点	①幼儿处于独自游戏、平行游戏的高峰期； ②角色意识不强； ③游戏主题单一、情节简单
	指导要点	①教师为幼儿提供的玩具种类少，但每种玩具的数量较多，避免幼儿因相互模仿而争抢玩具，满足幼儿平行游戏的需要； ②教师以游戏者的身份介入游戏，引导、培养幼儿的规则意识； ③通过游戏评价不断丰富游戏经验
中班	特点	①游戏的内容与情节较小班不断丰富； ②处于联合游戏阶段，游戏主题丰富，但不稳定； ③希望与别人交往，但欠缺交往技能； ④角色意识较强，能够按照自己选定的角色开展游戏
	指导要点	①为幼儿提供丰富且富有变化的游戏材料，鼓励幼儿不断丰富游戏主题； ②以游戏者的身份介入游戏，指导游戏； ③通过幼儿讨论等形式展开游戏评价； ④指导幼儿在游戏中逐渐掌握社会规则和交往技能，逐渐学会独立解决问题
大班	特点	①游戏经验丰富，主题新颖，内容丰富，游戏所反映的人际关系较为复杂； ②处于合作游戏阶段，喜欢与伙伴共同游戏； ③能按照自己的愿望主动选择游戏主题，并有计划地开展游戏； ④在游戏中独立解决问题的能力增强
	指导要点	①与幼儿一起准备游戏环境，侧重语言引导； ②给幼儿提供必要的条件和机会以及适当的引导； ③允许并鼓励幼儿在游戏中进行创造； ④通过多种形式开展游戏讲评

知识 2 结构游戏的指导

1. 为游戏创造良好的条件

(1)引导幼儿认识建构材料，丰富幼儿相关经验；

(2)教会幼儿构造的基本技能，培养他们的独立构造能力；

(3)提供丰富的结构材料和进行结构游戏的场所；

(4)培养幼儿良好的行为习惯。

2. 结构游戏的组织指导

(1)通过引入投放材料、出示范例、创设情境来激发幼儿兴趣；

(2)通过讨论“建造什么？怎么建造？用什么建造？”来启发引导幼儿设计建构活动；

(3)运用竞聘、轮流等方法指导幼儿通过分工合作完成建构活动；

(4)观察、分析幼儿建构活动水平；

(5)找准时机，运用整体建构和重点拼搭示范、环境刺激启发、介入共玩、语言启发、榜样暗示、图片范例提示等指导方法推进建构活动；

(6)注重幼儿作品的展示欣赏和评价。

3. 各年龄段结构游戏的特点与指导要点

小班	特点	①游戏的目的性：结构游戏缺乏目的性和计划性； ②游戏材料的选择：选用结构材料盲目、简单； ③建构技能水平：建构技能简单、重复； ④游戏的社会性：对游戏的坚持性较差
	指导要点	①引导幼儿认识结构材料； ②带领幼儿参观中、大班幼儿的建构活动，引起幼儿对建构活动的兴趣； ③为幼儿安排场地，准备足够数量的结构玩具； ④指导幼儿学习基本的构造技能，建构简单的物体； ⑤建立结构游戏简单的规则； ⑥教给幼儿整理和保管玩具的简单方法

续表

中班	特点	①目的比较明确，能初步了解结构游戏的计划； ②对操作过程有浓厚的兴趣，关心结构成果； ③能围绕结构物开展游戏，会按主题进行构建； ④能独立地整理玩具
	指导要点	①丰富幼儿的生活经验； ②引导幼儿学习设计结构方案，有目的地选材； ③指导幼儿掌握结构技能并会应用技能塑造物体； ④鼓励幼儿独立地进行创造性的建构活动； ⑤组织结构活动小组（3~4人）进行集体建构活动； ⑥组织幼儿评议结构成果
大班	特点	①结构游戏的目的性、计划性和持久性增强，建构内容丰富，使用材料增多，有一定的独立构造能力； ②能合作选取丰富多样的材料，围绕主题进行较复杂的建构； ③希望自己的作品有新意，追求结构的逼真和完美
	指导要点	①丰富幼儿的结构造型知识和生活印象； ②指导幼儿学习表现物体的细节和特征； ③指导幼儿制订计划； ④重点指导幼儿掌握并应用新的技能； ⑤教育幼儿重视结构成果； ⑥引导幼儿开展参加人数多、持续时间长的大型结构活动

知识3 表演游戏的指导

1. 表演游戏的指导原则

指导原则：
- ①游戏性先于表演性，要确保所组织的活动是“游戏”而不是单纯的表演
- ②游戏性与表演性应当很好地融合、交织在一起

2. 组织和指导表演游戏的注意事项

注意事项：
- 协助幼儿选择表演游戏的主题，选择适合表演的文学作品
- 激发儿童对表演游戏的兴趣
- 创设适合表演的游戏环境，提供表演游戏的物质条件
- 帮助幼儿组织表演活动，指导幼儿分配角色
- 指导幼儿表演的技能，鼓励幼儿自然生动地表演
- 引导幼儿积累社会经验，提高表演水平

3. 中、大班幼儿表演游戏的特点与指导要点

中班	特点	①可以自行分配角色，但角色更换意识不强； ②游戏的目的性、计划性差，以一般性表现为主，以动作为主要表现手段
	指导要点	①教师应为幼儿提供适宜的游戏时间和空间； ②为幼儿准备封闭或半封闭的空间； ③为幼儿提供的材料要简单易搭，以2~4种为宜； ④游戏最初开展阶段，教师要帮助幼儿做好分组工作，讲解角色更换原则； ⑤不要过多干预幼儿的游戏，不要急于示范，要耐心等待幼儿协商、讨论，提醒幼儿坚持游戏主题； ⑥在游戏展开阶段，教师应帮助幼儿提高角色表现意识，可以参与游戏，为幼儿提供适当的示范
大班	特点	①能独立完成角色分配任务，有很强的角色更换意识； ②游戏的目的性、计划性较强，能自觉表现故事内容； ③具有一定的表演意识，但尚待提高； ④具备一定的表演技巧，能灵活运用多种表现手段，但表演水平尚待提高

续表

大班	指导要点	①教师可以为幼儿提供种类较多的游戏材料以鼓励和支持他们进行多样化探索； ②在游戏的最初阶段，教师除了提供时间、空间和基本材料外，应尽可能少地干预幼儿； ③随着游戏的展开，教师应及时为幼儿提供反馈，反馈重点是如何塑造角色

知识4 智力游戏的指导

1. 智力游戏的组织与指导原则

原则：
- 选择和编制合适的智力游戏
- 帮助幼儿构建规则意识
- 培养幼儿的游戏策略意识，而不是教给幼儿游戏的策略

2. 各年龄段智力游戏的特点与指导要点

小班	特点	①游戏任务容易理解，易于完成； ②游戏方法明确具体； ③游戏规则要求低，通常只有一个规则； ④游戏趣味性大于实际操作性，启发性大于知识性； ⑤游戏注重幼儿的兴趣及参与意识的培养
	指导要点	①游戏所涉及的知识要适应幼儿的接受能力； ②要选择规则简单、趣味性较强的游戏； ③教师应熟悉智力游戏的目的、难点、重点、规则和游戏中的相关知识，以发挥其开发智力的作用
中班	特点	①游戏任务知识性大于娱乐性，注重趣味性及幼儿实际操作能力的培养； ②游戏方法复杂多样； ③游戏规则带有更多控制性，要求相对提高； ④注重幼儿在完成游戏任务的同时，遵守规则，并在游戏中给幼儿一定的知识概念

续表

中班	指导要点	①使幼儿在智力游戏中产生愉快的情绪，注意激发幼儿学习的积极性； ②注意培养幼儿动手动脑的习惯； ③应考虑幼儿的生活经验与接受能力，难度适当； ④要循序渐进，由易到难
大班	特点	①知识性大于娱乐性，创造性增强； ②游戏任务较为复杂，有时一个游戏多项任务； ③游戏方法多且难度较大； ④游戏规则可以改变，幼儿可以在活动中通过协商制定新的规则
	指导要点	①应注意游戏本身的趣味性和吸引力； ②内容应有一定的难度； ③教师主要依靠语言讲解游戏，并要求幼儿独立开展游戏； ④教师对幼儿游戏的引导应多于指导； ⑤幼儿在智力游戏活动中应遵守规则，同时允许幼儿制定新规则

知识 5 音乐游戏的指导

1. 音乐游戏的指导原则

指导原则
- "漫不经心的娱乐"
- "幼儿主体、教师引导"

2. 音乐游戏的指导内容

内容
- 自娱性音乐游戏
- 教学性音乐游戏

知识 6 体育游戏的指导

1. 幼儿体育游戏的指导原则

- 指导原则
  - 经常化
  - 适量的运动负荷
  - 多样化
  - 全面发展

> 指导：幼儿体育游戏的指导原则常以单项选择的形式考查。

2. 幼儿体育游戏常用指导方法

- 指导方法
  - 讲解法
  - 示范法
  - 练习法
    - 重复练习法
    - 条件练习法
    - 完整练习法
    - 分解练习法
    - 循环练习法
  - 语言提示和具体帮助法
  - 游戏法
    - 比赛法
    - 领做法
    - 信号法

五、正确评价幼儿的游戏

- 衡量游戏是否成功的标准
  - 按意愿选择玩具做游戏，在游戏中感到轻松、愉快，发挥了创造性
  - 选择一种游戏很认真，能克服困难，遵守游戏规则，不依赖他人独立游戏
  - 会正确使用玩具、爱护玩具，会收放玩具
  - 在游戏中对同伴友爱、谦让，能与同伴合作，愿意帮助别人、不妨碍别人
  - 游戏内容健康，有益于幼儿的身心发展

六、使游戏成为幼儿园的基本活动

方法：
- 重视幼儿的自发性游戏
- 充分利用游戏组织幼儿园各类教育活动
- 满足幼儿对多种游戏的需要

知识拓展

儿童游戏的水平分析：
- 3岁前：以感觉运动性游戏为主
- 幼儿初期：处于象征性游戏初期
- 幼儿中期：处于象征游戏的高峰期
- 幼儿晚期：处于象征游戏的高水平阶段

实战演练

1. 简述幼儿游戏的内涵。
2. 简述幼儿园游戏的特点。
3. 简述幼儿园游戏的价值。
4. 简述游戏的分类。
5. 简述小班幼儿角色游戏的特点。
6. 简述教师介入幼儿游戏的时机。
7. 简述中班幼儿的游戏特点。
8. 简述中班角色游戏的指导要点。
9. 简述幼儿体育游戏的指导原则。

第八章　幼儿园班级管理与环境创设

思维导图

- 幼儿园班级管理与环境创设
  - 幼儿园班级管理工作
    - 1.幼儿园班级管理的定义
    - 2.幼儿园班级的人员结构及其主要职责
    - 3.幼儿园班级管理的方法
    - 4.幼儿园班级管理的原则
  - 幼儿园环境概述
    - 1.幼儿园环境的内涵和分类
    - 2.幼儿园环境的特点
    - 3.影响幼儿园环境质量的因素
    - 4.教师在幼儿园环境创设中的作用
  - 幼儿园环境创设和利用
    - 1.幼儿园环境创设的一般原则
    - 2.物质环境的创设方法
    - 3.精神环境的创设方法

要点精讲

第一节　幼儿园班级管理工作

一、幼儿园班级管理的定义

根据对管理的理解，结合幼儿教育的特点，我们把幼儿园班级管理定义为：幼儿园班级管理指班级保教人员充分利用幼儿园的人、财、物、时间、信息等资源，以班级为单位，通过计划、组织、实施、总结等环节，实现育人的目标。

> 指导：幼儿园班级管理的定义常以单项选择的形式考查。

二、幼儿园班级的人员结构及其主要职责

知识 1 保教人员

人员	职责
幼儿教师	①观察了解幼儿，依据国家有关规定，结合本班幼儿的发展水平和兴趣需要，制订和执行教育工作计划，合理安排幼儿一日生活； ②创设良好的教育环境，合理组织教育内容，提供丰富的玩具和游戏材料，开展适宜的教育活动； ③严格执行幼儿园安全、卫生保健制度，指导并配合保育员管理本班幼儿生活，做好卫生保健工作； ④与家长保持经常联系，了解幼儿家庭的教育环境，商讨符合幼儿特点的教育措施，相互配合共同完成教育任务； ⑤参加业务学习和保育教育研究活动； ⑥定期总结评估保教工作实效，接受园长的指导和检查
保育员	①负责本班房舍、设备、环境的清洁卫生和消毒工作； ②在教师指导下，科学照料和管理幼儿生活，并配合本班教师组织教育活动； ③在卫生保健人员和本班教师指导下，严格执行幼儿园安全、卫生保健制度； ④妥善保管幼儿衣物和本班的设备、用具

知识 2 幼儿

	小班	中班	大班
年龄	3～4 岁	4～5 岁	5～6 岁
人数	25 人	30 人	35 人

知识拓展

儿童的基本环境需求：
- 鼓励运动的环境
- 保持舒适的环境
- 助长能力的环境
- 带有控制感的环境

三、幼儿园班级管理的方法

方法
- 规则引导法
  - 规则的内容要明确且简单易行
  - 要提供给幼儿实践的机会，使幼儿在活动中掌握规则
  - 教师要保持规则的一贯性
- 情感沟通法
  - 教师在日常生活和教育活动中，要观察幼儿的情感表现
  - 教师要经常对幼儿进行移情训练
  - 教师要保持和蔼可亲的个人形象
- 互动指导法
  - 教师对幼儿互动指导的适当性
  - 教师对幼儿互动指导的适时性
  - 教师对幼儿互动指导的适度性
- 榜样激励法
  - 榜样的选择要健康、形象、具体
  - 班级集体中榜样的树立要公正，有权威性
  - 及时对幼儿表现的榜样行为做出反应
- 目标指引法
  - 目标要明确具体
  - 目标要切实可行，要具有吸引力
  - 目标与行为的联系要清晰可见

四、幼儿园班级管理的原则

原则	应注意的方面
主体性原则	①明确教师对班级管理的职责和权利； ②作为班级管理者的教师应充分了解并把握班级的各种管理要素； ③教师还应正确地理解和处理与作为被管理者的幼儿之间的关系
整体性原则	①教师对班级的管理不仅是对集体的管理，也是对每个幼儿个体的管理； ②教师应充分利用班集体作为一个整体的熏陶作用和约束作用； ③班级管理不只是人的管理，还涉及物、时间、空间等要素的管理

续表

原则	应注意的方面
参与性原则	①教师参与活动应注意角色的不断变换，以适应幼儿活动的需要；②在某种场合教师参与活动要根据幼儿的需要，取得幼儿的许可；③教师在参与活动中，指导和管理要适度
高效性原则	①班级管理目标的确定要合理，计划的制订要科学；②班级管理计划的实施要严格而灵活；③班级管理方法要适当，管理过程中重视检查反馈

第二节　幼儿园环境概述

一、幼儿园环境的内涵和分类

知识1　幼儿园环境的内涵

狭义的幼儿园环境是指在幼儿园中，对幼儿身心发展产生影响的物质与精神要素的总和。

- 物质环境：幼儿园内影响幼儿身心发展的物化形态的教育条件
- 精神环境：幼儿交往、活动所需要的软质环境

知识2　幼儿园环境的分类

1. 物质环境的类型

类型	内涵	内容
广义	对幼儿园教育产生影响的一切天然环境与人工环境中物的要素的总和	自然风光、城市建筑、社区绿化，家庭物质条件、居室空间安排、室内装潢设计等
狭义	幼儿园内对幼儿发展有影响作用的各种物质要素的总和	园舍建筑、园内装饰、场所布置、设备条件、物理空间的设计与利用及各种材料的选择与搭配等

2. 精神环境的类型

类型	内涵	内容
广义	对幼儿园教育产生影响的整个社会的精神因素的总和	社会的政治、经济、文化、艺术、道德、风俗习惯、生活方式、人际关系等
狭义	幼儿园内对幼儿发展产生影响的一切精神因素的总和	幼儿园人际关系、幼儿园文化氛围等

二、幼儿园环境的特点

特点
- 环境的教育性
- 环境的可控性

三、影响幼儿园环境质量的因素

影响因素
- 物质因素
- 精神因素
  - 人的要素
  - 幼儿园文化（潜移默化）

四、教师在幼儿园环境创设中的作用

作用
- 准备环境
  - 让环境蕴含目标
  - 增加幼儿的兴趣
  - 增强幼儿的参与意识
- 控制环境
  - 诱导幼儿进入活动
  - 帮助幼儿展开活动
  - 指导幼儿解决纷争、困难或情绪问题
  - 帮助幼儿结束活动
- 调整环境

准备环境、控制环境、调整环境，这是教师在幼儿园环境创设中的重要作用。环境中的物质材料、人际因素以及与幼儿的关系和相互作用是由教师来调控的，幼儿在环境中的活动也是由教师直接或间接引导的，没有教师的主导作用，幼儿在环境中的发展是不可能实现的。

第三节 幼儿园环境创设和利用

一、幼儿园环境创设的一般原则

- 一般原则
  - 安全性
    - 材料安全无毒
    - 实施软包装
    - 定期消毒
  - 环境与教育目标的一致性(教育性)
  - 发展适宜性(符合幼儿的年龄特征及身心健康发展的需要)
  - 幼儿参与性
  - 开放性
  - 经济性(因地制宜、勤俭办园)
  - 启发性原则
  - 动态性原则

二、物质环境的创设方法

知识 1 空间设计和利用

1. 教室

- 教室墙面环境展示的分类
  - 平面、半立体和立体
  - 观赏性和操作性
  - 填充式和满幅式
  - 记录式和展览式
  - 幼儿作品和教师作品

2. 寝室

(1)整体色彩可以使用暗红、蓝色等深色的窗帘;

(2)寝室的墙面装饰画可以使用较淡的色彩,寝室装饰画不要经常更换;

(3)儿童的床之间要间隔 30~50 厘米;

(4)寝室应该有较好的通风条件,同时保证紧急疏散通道畅通。

3. 盥洗室

(1)可在饮水处、洗手池等较容易拥挤的地面上画上小脚印，要求儿童按照脚印排队；

(2)墙面上还可以通过文字、图画宣传节约用水。

4. 走廊

(1)门厅、楼梯等公共走廊由全园统一布置，会根据季节或幼儿园的特色布置相应的主题；

(2)活动室门前的走廊一般由教师根据本班孩子的特点布置，通常是家园互动的内容。

知识 2　室内设备的布置

1. 基本设备

基本设备是建园一般所需具备的普通用具。包括桌、椅、床、小柜等。

2. 玩具

玩具的选择和提供应符合的标准：
- 具有**教育性**
- 符合幼儿的发展水平
- 符合艺术、**卫生和安全**的要求
- 经济适用
- 具有可操作性

知识 3　活动区的创设

1. 活动区的概念

活动区就是利用活动室、睡眠室、走廊、门厅及室外场地，提供、投放相应的设施和材料，为儿童创设的分区活动的场所。

2. 常见的活动区

美工区、积木区、角色扮演区、科学区、图书区、木工区、音乐区、沙水区、电脑区、益智区、语言区、数学区。

3. 创设活动区的具体要求

具体要求：
- 多样而丰富的内容
- 要易于观察或记录
- 合乎安全原则
- 类似的活动安排在一起，注意动静交替
- 活动时所需材料应置于附近
- 有足够的自由活动空间
- 注意活动区间的相对封闭与分割
- 注意光线的明暗

知识4 室外设备及布置

1. 室外设备

设备：
- 体育活动器械
- 沙、水及玩沙、水的玩、教具

2. 室外活动场地设计

活动场地设计：
- ①固定器具区，用于放置大中型体育活动器械
- ②水泥地，供儿童骑车、推车或玩拖拉玩具
- ③草地，供儿童奔跑、跳跃，开展游戏，周围可种植灌木树丛以起隔离作用
- ④泥土地，可供儿童种植植物、饲养小动物

知识5 幼儿园活动材料的投放

1. 活动材料概述

(1) 活动材料的含义

活动材料是指为幼儿各种活动的进行、维持与发展所需要提供的各种物品、器具与资料等。活动材料既包括投放在园区环境内的材料（大型活动设施、轮胎阵、攀爬架等），也包括投放在户内活动区中的材料。

活动区的材料是指教师根据幼儿的需要或者特定的教育目标有意识地布置在活动区中的材料。

(2) 优秀活动材料的特征

特征：
- 能够引起幼儿反应的材料
- 提供的时候考虑到儿童的年龄
- 引起儿童的参与和学习行为
- 包括一些现实生活中触手可及的物品
- 能够促进儿童某项技能的学习

2. 活动材料的投放

应注意的问题：
- 目的性和适宜性
- 丰富性和层次性
  - 数量充足和形式、功能多样的材料
  - 能满足不同水平儿童发展需要的材料
- 启发性、操作性、探索性
- 自主性
- 兴趣性
- 整合性和开放性
  - ①根据主题活动的目标有计划、有目的、有选择地投放开放性材料
  - ②结合近期的教育目标和本地资源来投放材料
  - ③充分利用废旧物品制作活动材料，提高活动的娱乐性和趣味性
  - ④充分发挥家庭、社区和互联网在活动区材料投放中的作用

> 指导：活动区材料的投放应注意的问题常以单项选择的形式考查。

三、精神环境的创设方法

方法：
- ①教师要热爱儿童、尊重儿童，了解儿童，与儿童建立民主、平等、和谐的关系
- ②教师之间要真诚相待，友好合作，为儿童做好榜样

方法
- ③教育儿童要友爱、互助
- ④重视幼儿园文化建设，帮助构建良好的儿童精神环境
  - 经常表扬、鼓励幼儿
  - 持肯定、支持的态度
  - 多接纳、多欣赏

实战演练

1. 简述幼儿园班级管理的方法。
2. 简述教师在幼儿园环境创设中的作用。
3. 简述幼儿园环境创设的一般原则。
4. 简述创设活动区的具体要求。
5. 简述优秀活动材料的特征。
6. 简述精神环境的创设方法。

日期 | Date:

第九章　幼儿园与家庭、社区及小学的衔接

思维导图

- 幼儿园与家庭、社区及小学的衔接
  - 学前儿童家庭教育
    - 1.学前家庭教育的含义
    - 2.学前家庭教育的特点
    - 3.幼儿园对家庭教育指导的原则
    - 4.学前家庭教育的主要方法
  - 幼儿园与家庭的合作
    - 1.家园合作的概念
    - 2.幼儿园为什么要与家庭合作
    - 3.幼儿园怎样与家庭合作
    - 4.家园合作的形式
    - 5.分离焦虑及其解决方法
    - 6.家园合作中存在的问题及解决策略
  - 幼儿园与社区的合作
    - 1.社区学前教育的概念
    - 2.幼儿园与社区合作的意义
    - 3.学前教育对社区教育资源利用的意义和途径
    - 4.幼儿园与社区合作的内容与方法
  - 幼儿园与小学衔接
    - 1.幼儿园与小学衔接的含义
    - 2.幼儿园实施幼小衔接工作的指导思想
    - 3.幼儿园方面的幼小衔接工作
    - 4.幼小衔接工作中的矛盾及解决办法

要点精讲

第一节　学前儿童家庭教育

一、学前家庭教育的含义

狭义的学前儿童家庭教育指的是在家庭生活中，由家长(主要是父母或其他长辈)对学前儿童进行的教育和施加的影响。

二、学前家庭教育的特点

特点：
- 时代性和社会性
- 亲情性和感染性
- 针对性和随机性
- 连续性和一贯性
- 权威性和专制性

巧学妙记

时代亲情和社会，感染针对随机性，连续一贯权威性，另外还有专制性。

补充：

家庭教育的优势	家庭教育的局限性
①广泛的群众性；	①条件不平衡；
②强烈的感染性；	②易于感情用事；
③特殊的权威性；	③比较封闭；
④鲜明的针对性；	④组织性差；
⑤天然的连续性；	⑤系统性和计划性差；
⑥固有的继承性；	⑥可控性差；
⑦内容的丰富性；	⑦目的性差；
⑧方法的灵活性；	⑧重智轻德；
⑨家庭教育的及时性	⑨方法不当

三、幼儿园对家庭教育指导的原则

原则：
- 了解性原则
- 方向性原则
- 科学性原则
- 尊重性原则
- 协调性原则
- 针对性原则
- 直观性原则
- 艺术性原则

补充：

家长育儿守则：
- 做好榜样
- 尊重儿童
- 理智的爱
- 规矩明确
- 步调一致
- 适当回避

指导：理智的爱有以下几层含义：
（1）对孩子有要求，不一味迁就；（2）控制情感，掌握分寸；（3）培养儿童的爱心。

四、学前家庭教育的主要方法

主要方法
- 环境熏陶法
- 兴趣诱导法
- 暗示提醒法
- 活动探索法（实践活动法）
- 榜样示范法

第二节　幼儿园与家庭的合作

一、家园合作的概念

家园合作是指幼儿园和家庭（含社区）都把自己当作促进儿童发展的主体，双方积极主动地相互了解、相互配合、相互支持，通过幼儿园和家庭的双向互动，共同促进儿童的身心发展。在家园合作中，幼儿园应该处于主导地位。

知识 1　理解家园合作的内涵

（1）家园合作是一种双向互动活动，是家庭教育与幼儿园教育的相互配合；

（2）家园合作要考虑幼儿园和家庭双方的需求，但家园合作围绕的核心是儿童，他们是幼儿园和家庭服务的共同对象，促进儿童的全面发展是家园合作追求的最终目标；

（3）家园合作需要合作双方有积极主动的态度，它包括家长对孩子的爱心与责任感、对幼儿园乃至整个教育的信任与支持，也包括教师对家长的热情接纳和对家长参与的信心。

知识 2　家园合作的分类

（1）以幼儿园为核心的家园合作活动。主要包括教育活动开放日、幼儿学习成果展览与汇报会、接送交谈与家访、家园联系册、便条或电话联系、参与教育活动、参与管理活动以及为幼儿园教育提供资源保障。

（2）以家长为核心的亲职教育活动。主要包括家长会、家长园地、家教现场指导活动、家长沙龙、家庭互助组以及社区教育基地。

二、幼儿园为什么要与家庭合作

原因
- 家庭是幼儿成长最自然的生态环境
- 家庭是人的第一个学校
- 家长是幼儿园重要的教育力量

三、幼儿园怎样与家庭合作

知识1 家园形成教育合力

家长与幼儿园教育之间的合力的大小取决于二者之间的关系，二者完全一致时合力最大。

知识2 家园合作的意义

意义
- 有利于学前教育整体功能的发挥，提高教育的整体效率
- 有利于儿童身心的全面和谐发展，形成健全的人格
- 有利于教育影响的一致性，为儿童营造最佳发展环境
- 有利于更好地利用家庭资源为学前教育注入新鲜血液
- 有利于促进家长、教师和幼儿的共同发展

知识3 家园合作的主要内容

主要内容
- ①鼓励和引导家长直接或间接地参与幼儿园教育，同心协力培养幼儿
- ②幼儿园帮助家长树立正确的教育观念和教育方法，以走出家教观念的误区
- ③优化家庭教育的物质环境和精神环境

四、家园合作的形式

知识1 幼儿园与家长互动沟通的方式

集体方式
- 家长会
- 家长学校
- 家长开放日
- 家长接待日和专家咨询
- 家园联系栏
- 小报小刊和学习材料提供

个别方式：
- 家庭访问
- 个别谈话（随机交流）
- 家园联系册或联系卡
- 书信、电话（最快捷、最及时）、网络等
- 接送孩子时的随机交流

知识 2　引导和组织家长参与幼儿园的教育

方式：
- 与孩子一起参与班级的活动
- 支持与参与幼儿园创设环境的各项活动
- 参与教师的教学

补充：

亲子活动是一种有助于增强教师与家长、家长与幼儿情感交流的集体活动形式，是幼儿园与家庭共育的重要渠道。

五、分离焦虑及其解决方法

知识 1　分离焦虑的含义

分离焦虑是孩子与其依恋对象分离时产生的一种消极的情绪体验。

知识 2　家幼衔接在解决幼儿分离焦虑中的作用

作用：
- 减少幼儿的依赖性
- 缩小家园生活的差异性
- 用爱心和技巧教育幼儿

补充：

1. 影响幼儿入园不适应的因素

影响因素：
- 个体原因
  - 过去的生活经验
  - 幼儿的个性特点
- 外部原因
  - 环境变化
  - 家庭
  - 教师

2. 解决幼儿入园不适应的策略

策略：
- ①为幼儿创设充满爱与温暖的环境
- ②在幼儿入园初，教师每天要利用多种方式有针对性地与家长沟通
- ③合理安排幼儿入园之初的活动，使幼儿真正感受到幼儿园生活的快乐，真正喜欢幼儿园

六、家园合作中存在的问题及解决策略

知识 1 学前教育与家庭教育合作中出现的问题

(1)家长和教师之间存在矛盾与冲突；

(2)合作不够深入，合作内容脱节；

(3)家长参与配合不够好，援助学前教育更少；

(4)母亲参与度明显高于父亲，不利于儿童阳刚性格的培养。

知识 2 学前教育与家庭教育合作中存在问题的解决措施

措施：
- 幼儿园要主动创造条件开辟沟通渠道
  - 教师要以诚相待，放下权威
  - 引导家长观察孩子在幼儿园活动中的表现
  - 建立幼儿园网站
  - 定期就儿童的家园表现进行交流
  - 家访工作要落到实处
  - 教师应尽可能地和家长交流
- 家长要积极参与幼儿园保教活动
  - 家长和教师是平等、共育、合作的关系
  - 家长要有参与幼儿园教学的积极性和兴趣

第三节 幼儿园与小学衔接

一、幼儿园与小学衔接的含义

幼小衔接期是指由幼儿园大班进入到小学一年级，此时期恰好是结束幼儿园生活，开始接受正规小学教育的初期，也是幼儿心理发展的一个转折期。

知识 1 造成幼儿园与小学不衔接的原因

1. 学前阶段与小学阶段的不同教育特点

阶段 / 不同方面	学前阶段	小学阶段
办学性质	非义务教育，没有统一的教材，没有成套的考核条例，办学与教学随意性较强	义务教育，有严格的教育要求，学校对学生学习成绩要进行考试、检查
教学内容	所学内容是与幼儿生活紧密相关的浅显知识	教育内容是以符号为媒介的学科知识，其抽象水平相对较高，学习内容只有当学习者的思维具有一定的抽象、概括能力时才能理解和接受
教学方法	教师多采用归纳法，即让幼儿看到许多有关的现象，让幼儿开动脑筋，自己去归纳、发现其中的规律	教师多采用演绎法，即教师教学生一些规律性的知识，然后用例题来证明此规律是正确的
主导活动方面	多种多样、丰富多彩的游戏，幼儿在玩中"学"，教师指导方法比较直观、灵活、多样，没有家庭作业及考试制度	各种学科文化知识的学习，以上课为主要的教学形式，教学方法相对固定、单一，有一定的家庭作业及必要的考试制度
作息制度及生活管理	生活节奏是宽松的。一日生活中游戏活动时间较多；生活管理不带强制性，没有出勤要求；教师对幼儿在生活上的照顾比较周到和细致	生活节奏快速、紧张。作息制度非常严格，每天上课时间较长；纪律及行为规范带有强制性；教师对儿童在生活上的照料明显减少

续表

不同方面＼阶段	学前阶段	小学阶段
师幼关系	教师与幼儿个别接触机会多，时间长，涉及面广，关系密切、具体	师生接触主要是在课堂上，个别接触少，涉及面较窄
环境设备的选择与布置	教室的环境布置生动活泼，有许多活动区域，在其中有丰富的玩具和材料供幼儿动手操作、摆弄，幼儿可以自由选择游戏及进行同伴交往	教室的环境布置相对严肃，成套的课桌椅排列固定，教室内没有玩具，学生自由选择活动的余地较少
社会及成人对幼儿的要求和期望	要求相对宽松，学习压力小，自由多，没有非完成不可的社会任务	要求相对严格、具体，家长对小学生具有很高的期望，儿童的学习压力大，自由少，要负担一定的社会责任

2. 幼儿身心发展的阶段性与连续性规律

幼儿园与小学是两个根据儿童不同发展阶段的特点而设立的、具有不同教育任务的教育机构。两类机构的巨大差异说明，两类教育机构都比较重视阶段性，而忽视阶段之间的过渡，这是造成幼儿园与小学不衔接的根本原因。

知识 2　幼小衔接的意义

意义
- 学前儿童身心健康发展的需要
- 儿童入学适应不良现状的实践要求
- 幼儿园教育内容的重要组成部分
- 符合世界幼儿园教育的发展潮流

补充：

幼儿入学后的适应性问题主要表现

(1) 身体方面：睡眠不足、身体疲劳、食欲不振、体重下降等现象；

(2)心理方面:精神负担重、心理压力大、情绪低落、自信心不足、学习兴趣降低等现象;

(3)社会性方面:人际交往不良、人际关系紧张等现象,有的学生甚至还出现怕学、厌学的情绪。

二、幼儿园实施幼小衔接工作的指导思想

(1)长期性而非突击性(幼小衔接工作贯穿于幼儿园教育的各个阶段);

(2)整体性而非单项性;

(3)培养入学的适应性而非小学化(幼小衔接工作的重点是培养幼儿的入学适应性);

(4)家、园、校的一致性而非孤立化的原则。

三、幼儿园方面的幼小衔接工作

知识 1 幼小衔接工作的策略

策略
- 培养幼儿对小学生活的热爱和向往
- 培养幼儿对小学生活的适应性
  - 培养幼儿的主动性
  - 培养幼儿的独立性
  - 发展人际交往能力
  - 培养幼儿的规则意识和任务意识
  - 发展动作,增强体质
- 帮助幼儿做好入学前的学习准备
  - 培养良好的学习习惯
  - 培养良好的非智力品质
  - 发展思维能力和基础能力
  - 适当调整课程结构和内容
- 加强幼儿园教师业务能力培养
  - 要了解幼小衔接阶段幼儿的心理变化规律
  - 要准确把握小学初始阶段的教学方法和内容
- 建立和健全幼儿园与小学的联系

知识 2 幼小衔接工作中应注意的问题

应注意的问题
- ①进行幼儿园与小学教育的双向改革
- ②转变观念，提高教师素质
- ③结合地区特点及幼儿身心发展的个别特点有针对性地进行幼小衔接工作
- ④加强家、园、学校、社区力量的相互配合

四、幼小衔接工作中的矛盾及解决办法

知识 1 幼小衔接工作中的矛盾

矛盾
- 小学和幼儿园之间对衔接工作不重视，缺少沟通
- 把幼小衔接看作是单纯的物质准备和知识准备
- 小学教师偏重教学技能、教学内容的研究
- 家庭和学校的相互理解配合不够

知识 2 幼小衔接工作中矛盾的解决办法

解决办法
- 有计划地加强与附近小学的联系制度
- 积极开展对大班家长的宣传教育
- 对大班幼儿开展专门的入学准备工作
  - ①采取多种形式培养幼儿对小学生活的向往之情，培养入学意识
  - ②合理改变作息制度和环境布置
  - ③培养良好的学习品质，提高学习能力
  - ④加强独立生活和劳动习惯的培养

第四节 幼儿园与社区的合作

一、社区学前教育的概念

社区学前教育是指以学前儿童及其家庭为对象开展的各种形式的优生、优育、优教活动，目的在于尽可能使社区内所有学前儿童获得良好的教育与发展。

二、幼儿园与社区合作的意义

意义
- 开阔儿童视野和促进身心和谐发展
- 幼儿园是社区建设的支持者、为社区提供教育和文化服务

三、学前教育对社区教育资源利用的意义和途径

知识1 学前教育对社区教育资源利用的意义

意义
- 适应世界幼儿教育事业发展的需要
- 适应幼儿自身发展的需要
- 适应家庭教育、社区教育发展的需要

知识2 学前教育对社区教育资源利用的途径

途径
- 社区的地域环境
- 社区的人口环境
- 社区的文化环境

四、幼儿园与社区合作的内容与方法

内容与方法
- 整合社区资源，促进儿童发展
  - 带儿童到社区去开展教育活动
    - 散步与玩耍
    - 感受社区文化
    - 认识和关心周围的人
    - 参加社会实践
  - 把社区的人力资源请进幼儿园
- 发挥幼儿园的教育优势，为社区建设出力

实战演练

1. 简述学前家庭教育的特点。
2. 简述家庭教育的优势。
3. 简述家长育儿守则。
4. 简述学前家庭教育的主要方法。
5. 简述幼儿园对家庭教育指导的原则。
6. 幼儿园为什么要与家庭合作？
7. 简述家园合作的意义。
8. 简述家园合作的主要内容。
9. 简述幼儿园与家长互动沟通的方式。
10. 简述学前教育与家庭教育合作中存在问题的解决措施。
11. 简述幼小衔接的意义。
12. 简述幼小衔接工作的策略。
13. 简述幼小衔接工作中矛盾的解决办法。

第二部分　学前心理学

第一章　学前心理学概述

思维导图

- 学前心理学概述
  - 学前心理学的研究对象与任务
    - 1.心理的概念
    - 2.学前心理学的研究对象
    - 3.学前心理学的研究内容
    - 4.学前心理学的任务
  - 学前心理学的研究原则与方法
    - 1.学前心理学的研究原则
    - 2.学前心理学的研究方法

要点精讲

第一节　学前心理学的研究对象与任务

一、心理的概念

人的心理就是人脑对客观现实能动的反映，具体来说有以下三个要点：

- 心理是脑的机能
- 心理是人脑对客观现实的反映
- 心理的反映具有能动性

二、学前心理学的研究对象

学前儿童心理学是研究从出生到入学前儿童心理发生、发展规律的科学。

三、学前心理学的研究内容

研究内容：

①生理发展：各项生理指标，各项生理机能，身体各部分的比例和外貌，脑神经系统，感知觉器官、动作和运动技能，影响心理的发育障碍或疾患等

②认知发展：记忆、思维、问题解决、语言等的发展

研究内容：③情感和社会性发展：情绪能力的发展，气质、自我的发展，同伴关系和社会行为的发展及性别角色的获得等

四、学前心理学的任务

任务
- 揭示幼儿阶段心理变化的基本规律
- 解释幼儿心理的发展变化

第二节　学前心理学的研究原则与方法

一、学前心理学的研究原则

原则
- 客观性
  - 研究幼儿的心理，必须考虑到幼儿生活的客观条件
  - 任何结论都要以充分的事实材料为依据
- 发展性
- 教育性
- 理论与实际相结合

二、学前心理学的研究方法

知识 1　观察法

1. 观察法的概念

观察法是通过有目的、有计划地观察幼儿在日常生活、游戏、学习和劳动过程中的表现，包括其言语、表情和行为，并根据观察结果分析幼儿心理发展的规律和特征的方法。观察法是研究幼儿**最基本的方法**。日记法或传记法是一种长期的全面的观察。

2. 运用观察法时应注意的问题

应注意的问题
- ①观察前观察者要做好准备
- ②观察时尽量使幼儿保持自然状态
- ③观察记录要求详细、准确、客观，不仅要记录行为本身，还应记录行为的前因后果
- ④观察应排除偶然性，一般应在较长时间内系统地反复进行

3. 观察法的优缺点

优点：被研究者处于自然状态，其心理活动和表现比较自然真实，有利于研究者获得真实可靠的资料。

缺点：被研究者处于自然状态，故无法控制刺激变量，使得观察者处于被动地位，也就是说，观察者可能得不到所需要的资料。

知识 2 实验法

1. 实验法的概念

实验法是根据研究目的，改变或控制幼儿的活动条件，以引起其心理活动有规律地变化，从而揭示特定条件与心理活动之间关系的方法。

2. 实验法的分类

分类
- ①实验室实验法
- ②自然实验法（在幼儿的日常生活、游戏、学习和劳动等正常活动中，有目的、有计划地控制某些条件，来引起并研究幼儿心理变化的方法）

知识 3 测验法

1. 测验法的概念

测验法是根据一定的测验项目和量表，来了解幼儿心理发展水平的方法。

2. 测验法的优缺点

优点：比较简便，在较短时间内能够粗略了解幼儿的发展状况。

缺点：(1) 测验法无法反映幼儿思考的过程或方式；

(2) 测验题目很难同时适用于不同生活背景下的幼儿；

(3) 任何一次测验的结果，都难以作为最终评定的依据。

知识 4 间接观察法

所谓间接观察法，是指研究者并不是直接观察研究对象的心理表现和行为，而是通过其他途径来了解。其中包括调查访问法、问卷法等等。

1. 调查访问法

调查法是通过调查家长、教师或其他熟悉被调查幼儿的人，以了解幼儿心理的方法。

(1)调查法的分类

分类：
- 当面访问
  - 个别访问（有利于深入了解情况）
  - 开座谈会（有利于集体讨论研究）
- 书面调查（问卷的形式）

(2)调查法的优缺点

调查访问必须有充分准备，拟定调查提纲。调查访问人员还应善于向被访问者提出问题。当面访问的缺点是比较浪费时间。书面调查则往往因被调查者不十分了解调查意图而不能提供所需资料。此外，调查访问法的缺点还在于被调查者的报告往往不够精确，可能出现记忆不确切，也可能是受个人偏见及态度的影响。

2. 问卷法

问卷法可以说是把调查问题标准化。所问对象主要是与学前儿童有关的成人，即请被调查者按拟定的问卷表作书面回答。

问卷法也可以直接用于年龄较大的幼儿。幼儿不识字，对幼儿的问卷采取口头问答方式。

问卷法的优点是可以在较短时间内获得大量资料，所得资料便于统计，较易做出结论。但是编制问卷表并非容易的事情，题目的信度、效度要经过考验。即使是好的问卷表，也容易流于简单化，其题目也可能被回答者误解。总之，儿童心理的复杂情况，有时难以从一些问卷题目上充分反映出来，因此，也不能过高估计由此得出的统计结论。

知识5 谈话法和作品分析法

1. 谈话法的概念

谈话法是通过和幼儿交谈以研究他们的各种心理活动的方法。

2. 作品分析法的概念

作品分析法是通过分析幼儿的作品（如手工、图画等）去了解幼儿心理的方法。

实战演练

1. 简述学前心理学的研究内容。
2. 简述学前心理学的任务。
3. 简述学前心理学的研究原则。
4. 简述运用观察法时应注意的问题。
5. 简述测验法的优缺点。

第二章　学前儿童的心理发展

思维导图

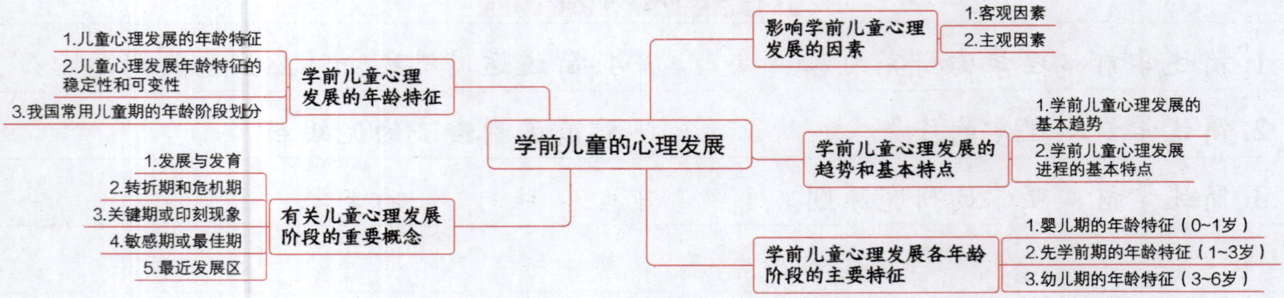

要点精讲

第一节　学前儿童心理发展的年龄特征

一、儿童心理发展的年龄特征

含义：
①儿童心理发展的阶段，往往以年龄为标志
②儿童心理年龄特征是在一定的社会和教育条件下形成起来的
③儿童心理年龄特征是指儿童心理在一定年龄阶段中的那些一般的、典型的、本质的特征，是从许多个别儿童的心理特征中概括出来的

二、儿童心理发展年龄特征的稳定性和可变性

知识1　稳定性

稳定性：
①儿童脑的结构和机能的发展有一个大致稳定的顺序和阶段
②人类知识经验本身有顺序性，都有一个从低级到高级，从简单到复杂，从外表到本质的过程
③儿童从掌握知识经验到心理机能发生变化，也要经过一个大体相同的从量变到质变的过程

知识2　可变性

不同的社会和教育条件会使儿童心理发展的特征有所差异，这就构成了儿童

心理年龄特征的可变性。儿童心理年龄特征具有可变性的主要原因在于儿童心理年龄特征受外界条件，主要是社会和教育条件的制约，而社会和教育条件是经常在变化的。

知识 3　稳定性与可变性的辩证统一

辩证统一的关系：
- ①由于稳定性，所以我们可以参照前人所揭示的有关年龄特征的表现来了解和教育今天的儿童
- ②由于可变性，所以我们坚信改善儿童的社会生活条件和教育条件，能够促进儿童心理发展年龄特征的变化
- ③只有全面、辩证地理解儿童心理发展年龄特征的稳定性与可变性的辩证统一关系，才能真正把握儿童心理发展年龄特征的实质

指导：儿童心理发展年龄特征的稳定性和可变性常以单项选择的形式考查。

三、我国常用儿童期的年龄阶段划分

- 儿童期（广义）
  - 学前期（广义）
    - 婴儿期（又称乳儿期）
      - 新生儿期（0～1 个月）
      - 婴儿期（狭义）
        - 婴儿早期（1～6 个月）
        - 婴儿晚期（6～12 个月）
    - 先学前期（1～3 岁）
    - 学前期（狭义）（又称幼儿期）
      - 学前（幼儿）初期（3～4 岁）
      - 学前（幼儿）中期（4～5 岁）
      - 学前（幼儿）晚期（5～6 岁）
  - 学龄期
    - 学龄初期（又称儿童期）（6、7～11、12 岁）
    - 学龄中期（又称少年期）（11、12～14、15 岁）
    - 学龄晚期（又称青年早期）（14、15～17、18 岁）

第二节 有关儿童心理发展阶段的重要概念

一、发展与发育

知识 1 发展

发展是指个体成长过程中生理和心理两方面有规律的量变和质变的过程。儿童的发展包括生理的发展和心理的发展。

生理的发展是指儿童的生长、发育；心理的发展是指儿童的认知、意志和个性等方面的发展。

知识 2 发育

发育是指个体从出生到成熟所经历的一系列有序的发展变化过程，主要指儿童生理的发展，包括脑的发育、生理发育等。

二、转折期和危机期

知识 1 转折期

转折期是指在儿童心理发展的两个阶段之间，有时出现的心理发展在短时期内急剧变化的情况。

知识 2 危机期

危机期是指在发展的某些年龄时期，儿童心理常常发生紊乱，表现出各种否定和抗拒行为的现象。

三、关键期或印刻现象

印刻发生的时期就叫关键期。个体发展过程中环境影响能起最大作用的时期即关键期。

幼儿期个体心理发展的关键期包括：个体口头言语发展（2～3 岁）；儿童图像视觉辨认、形状知觉形成（4～6 岁）；掌握数概念（5～5.5 岁）；儿童词汇能力发展，好奇心、求知欲、想象力、创造性等重要的非智力品质形成（5～6 岁）。

四、敏感期或最佳期

敏感期是指个体比其他时候更容易获得新行为模式的发展阶段，换句话说，就是儿童学习某种知识和行为比较容易，儿童心理某个方面发展最为迅速的时期，又叫最佳期。儿童学简单口语，2～4岁是最佳期；年龄越大，效率越低，而且在掌握口语发音上，敏感性越来越差。在掌握数概念方面，敏感期在5～5.5岁。4岁前是智力发展最迅速的时期，而坚持性行为的发展，则敏感期在4～5岁。

五、最近发展区

> 指导：最近发展区是儿童心理发展潜能的主要标志，也是儿童可以接受教育程度的重要标志。

最近发展区是维果斯基对儿童心理学的一个突出贡献。最近发展区是指一种儿童无法依靠自己来完成，但可在成人和更有技能的儿童帮助下来完成的任务范围，也就是儿童能够独立表现出来的心理发展水平，和儿童在成人指导下能够表现出来的心理发展水平之间的差距。

第三节　学前儿童心理发展各年龄阶段的主要特征

一、婴儿期的年龄特征（0～1岁）

知识1　初生到满月（0～1月）

1. 心理发生的基础——惊人的本能

（1）吸吮反射；（2）眨眼反射；（3）怀抱反射；（4）抓握反射；（5）巴宾斯基反射；（6）惊跳反射；（7）击剑反射；（8）迈步反射；（9）游泳反射；（10）巴布金反射；（11）蜷缩反射。

无条件反射是建立条件反射的基础。儿童的各种心理活动，即用以应答外界环境刺激的条件反射，是在无条件反射的基础上建立的。

2. 心理的发生——条件反射的出现

条件反射的出现，可以说是心理的发生。

3. 认识世界的开始

儿童出生后就开始认识世界，最初对世界的认知活动，突出表现在知觉发生和视觉、听觉的集中。感知觉是低级的心理过程。儿童出生后就有感知觉。孩子刚出生时最发达的感觉是味觉。视觉和听觉的集中，是注意发生的标志。

4. 人际交往的开端

新生儿和别人的交往，是通过情绪和表情来实现的。出生后第一个月内，孩子逐渐和母亲用“眼睛对话”，或称眼神交流。

知识 2 满月到半岁（1～6月）

表现：
- 视觉和听觉迅速发展
- 手眼协调动作开始发生（能够抓住所看见的东西）
- 主动招人
- 开始认生（5～6个月）

知识 3 半岁到周岁（6～12月）

表现：
- 身体动作迅速发展
- 手的动作开始形成
  - 双手配合
  - 摆弄物体
  - 重复连锁动作
- 言语开始萌芽
- 依恋关系发展

二、先学前期的年龄特征（1～3岁）

知识 1 动作的发展

1. 身体动作

- 儿童开始学习独立行走（1岁左右）
- 动作虽然仍不够灵活，但是活动的积极性却非常高（2岁左右）
- 学会了独脚跳等比较复杂的动作（3岁）

2. 手的动作

1岁时，能根据物体的特点和功用采取适当的动作。1岁半以后孩子逐渐把物体当“工具”来使用，开始了活动的萌芽。2岁以后，开始学着自己穿脱衣服、系扣子、洗手、用筷子吃饭等。可以说，这是人一生中开始使用“工具”（用具）的年龄。

知识 2 先学前儿童心理发展的主要特点

主要特点
- 语言的形成
- 思维的萌芽
- 自我意识的萌芽(2 岁左右)

补充：

大约 2 岁左右，孩子出现自我意识的萌芽，其突出的表现在独立行动的愿望很强烈。独立性的出现是开始产生自我意识的明显表现，是儿童心理发展上非常重要的一步，也是人生头 2~3 年心理发展成就的集中表现。

三、幼儿期的年龄特征(3~6 岁)

年龄	幼儿初期(3~4 岁)	幼儿中期(4~5 岁)	幼儿晚期(5~6 岁)
心理特点	①最初步的生活自理，生活目标扩大； ②行为具有强烈的情绪性； ③爱模仿； ④思维仍带有直觉行动性	①更加活泼好动、爱玩、会玩； ②思维具体形象； ③开始接受任务； ④开始自己组织游戏	①好学、好问； ②抽象概括能力开始发展； ③个性初具雏形； ④开始掌握认知方法

指导：幼儿初期仍带有直观动作思维；幼儿中期具有典型的具体形象思维；幼儿晚期抽象概括思维开始发展。

第四节　学前儿童心理发展的趋势和基本特点

一、学前儿童心理发展的基本趋势

基本趋势
- 从简单到复杂
  - 从不齐全到齐全
  - 从笼统到分化
- 从具体到抽象
- 从被动到主动
  - 从无意向有意发展
  - 从主要受生理制约发展到自己主动调节
- 从零乱到成体系

巧学妙记

从……到……（简单→复杂、具体→抽象、被动→主动、零乱→成体系）

二、学前儿童心理发展进程的基本特点

基本特点
- 高速度（明显的特点）
- 具有方向性和顺序性
- 既有连续性又有阶段性
- 具有不均衡性
  - 不同阶段发展的不均衡
  - 不同方面发展的不均衡
  - 不同学前儿童心理发展的不均衡
- 具有整体性

巧学妙记

方向顺序高速度；连续阶段不均衡；另外还有整体性。

指导：学前儿童心理发展进程的基本特点是幼儿园教师招聘考试中的重点内容，常以单项选择、多项选择、填空、判断等的形式考查，考生需要重点记忆。

第五节　影响学前儿童心理发展的因素

- 影响因素
  - 客观因素
    - 遗传因素
      - 提供发展人类心理的最基本的自然物质前提
      - 奠定儿童心理发展个别差异的最初基础
    - 生理成熟因素
      - ①生理成熟的程序制约着儿童心理发展的顺序
      - ②为儿童心理发展提供物质前提
      - ③生理成熟的个别差异，是儿童心理发展个别差异的生理基础
    - 社会因素
      - ①社会环境使遗传所提供的心理发展的可能性变为现实
      - ②宏观的社会环境和教育从根本上制约着儿童心理发展的水平和方向
      - ③微观的社会环境是影响儿童心理个别差异的最重要的条件
  - 主观因素（内部的因素）
    - ①儿童心理本身内部的因素是儿童心理发展的内部原因
    - ②儿童心理的内部矛盾是推动儿童心理发展的根本原因或动力

补充：

1. 遗传与环境对心理发展作用的学说

时期	第一个时期——谁起决定作用		第二个时期——各起多少作用（二因素论）		第三个时期——如何起作用
理论	遗传决定论	环境决定论	会合论	成熟论	相互作用论
代表人物	高尔顿	华生	斯腾	格塞尔	瑞士的皮亚杰和美国的杜威

续表

时期	第一个时期——谁起决定作用		第二个时期——各起多少作用(二因素论)		第三个时期——如何起作用
观点	强调遗传在心理发展中的作用，认为个体的发展及其个性品质早在生殖细胞的基因中就决定了，发展只是这些内在因素的自然展开，环境和教育仅起一个引发的作用	幼儿心理的发展完全是外界影响的被动结果，强调环境教育的作用	心理的发展并非单纯由于受外界影响，而是内在本性和外在条件辐合的结果。两种因素同为发展的不可缺少的成分，虽然其所占比重可因事而异	支配儿童心理发展的首要因素包括成熟与学习。“同卵双生子爬梯”实验论证了成熟论的观点	①任何一种因素作用的大小、性质都依赖于另一种因素，它们之间不是简单的相加或会合； ②当前对环境刺激做出某种行为反应的有机体是它的基因和过去环境相互作用的产物

2. 遗传和环境在学前儿童心理发展中的作用

作用：
- 环境影响遗传物质因素的变化和生理成熟
- 遗传素质及其后的生理发展制约着环境对儿童心理的影响
- 对影响儿童心理发展的客观因素应作具体、综合的分析

实战演练

1. 简述儿童心理发展的年龄特征。
2. 简述幼儿晚期(5～6岁)心理发展的年龄特点。
3. 简述学前儿童心理发展的基本趋势。
4. 简述学前儿童心理发展进程的基本特点。
5. 简述影响学前儿童心理发展的因素。

第三章　学前儿童动作和语言的发展

思维导图

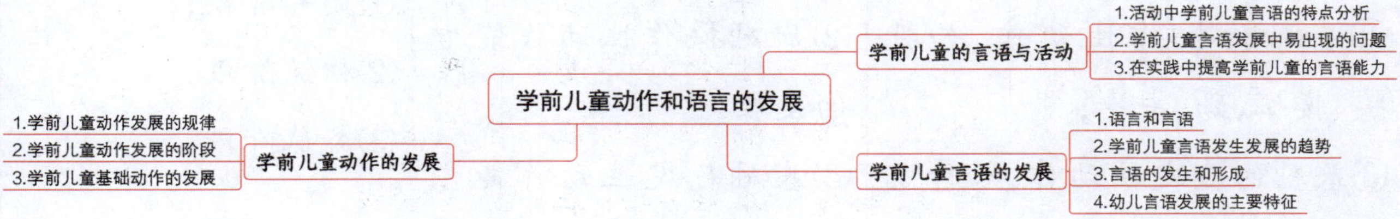

要点精讲

第一节　学前儿童动作的发展

一、学前儿童动作发展的规律

动作发展规律：
- 从整体到局部规律(由整体到分化)
- 首尾规律(从上至下)
- 近远规律(由近及远)
- 大小规律(由粗到细，或者说由大到小)
- 无有规律(从无意到有意)

二、学前儿童动作发展的阶段

阶段：
- ①反射动作阶段(0～4个月)，有许多不受意识支配的本能动作，即无条件反射
- ②最初动作阶段(4个月～2岁)，掌握人生最初的、起码的、基本动作的阶段
- ③基础动作阶段(2～7岁)，能控制自己的肌肉系统，保持稳定性，能自由运动，是儿童获得大量运动经验的时期
- ④专门化动作阶段(7～14岁)，动作处于转变、应用和终生使用阶段

三、学前儿童基础动作的发展

基础动作的模式	基础动作发展的顺序	基础动作发展的小阶段
①基础的移位动作，如走、跑、跳等； ②基础的操作性动作，如投掷、接住、踢、击等； ③基础的稳定性动作，如静态平衡、动态平衡、轴心动作等	①基础移位动作能力的发展； ②基础操作性动作能力的发展； ③基础稳定性动作能力的发展	①起始阶段； ②初级阶段； ③成熟阶段

第二节　学前儿童言语的发展

一、语言和言语

知识 1　语言的概念

语言是人类在社会实践中逐渐形成和发展起来的交际工具，是一种社会上约定俗成的符号系统。语言是一种社会现象。

知识 2　言语的概念

言语是运用语言进行实际活动的过程。言语是一种心理现象。

分类：
- ①口头言语（通过人的发音器官所发出的语言声音来表达思想和感情的言语）
- ②书面言语（人们借助于文字而表达思想感情，传授知识经验。它的形式主要有三种：写作、朗读、默读）
- ③内部言语（一个人自己对自己发出的声音，是默默无声地思考问题的言语活动）

知识 3　语言和言语的关系

（1）言语活动是依靠语言来进行的。个人言语活动的效能，受制于他对语言掌握的程度。离开了语言，就不会有言语活动。

（2）语言又是在人的具体言语交际中形成和发展起来的，并且任何一种语言，都必须通过人们的言语活动才能发挥交际工具的作用。

二、学前儿童言语发生发展的趋势

趋势：
- 语音知觉发展在先，正确语音发展在后
- 理解语言发生发展在先，语言表达发生发展在后

三、言语的发生和形成

知识 1　言语的发生

接受性言语（感知、理解）先于表达性言语的出现。

人们通常将幼儿能说出第一批真正被理解的词（1 岁左右）作为言语发生的标志。

言语准备期的内容：
- 言语发音的准备（发出语音和说出最初的词）
  - ①简单发音阶段（出生～3 个月）
  - ②连续音节阶段（4～8 个月）
  - ③模仿发音——学话萌发阶段（9～12 个月）
- 语音理解的准备（辨别和对语词的理解）
  - 语音知觉能力的准备
  - 语词理解的准备

知识 2　言语的形成

儿童言语发展的基本规律是：先听懂，后会说。

口语的发展阶段：
- 不完整句阶段（1～2 岁）
  - 单词句阶段（1～1.5 岁）
    - 单音重叠
    - 一词多义
    - 以词代句
  - 双词句（电报句）阶段（1.5～2 岁）
- 完整句阶段（2 岁以后）
  - ①能说出完整的简单句，并出现复合句
  - ②词汇量迅速增加

四、幼儿言语发展的主要特征

进入幼儿期，言语发展主要表现为口语的发展。

日期 | Date:

知识 1 幼儿口语的发展

1. 语音的发展

- 语音的发展
  - 掌握本民族全部语音(3~4 岁的儿童称为“国际公民”)
  - 语音意识的发生
    - 对自己的和别人的发音感兴趣
    - 意识到自己发音的弱点
    - 努力练习新学到的语音或自己不能准确发出的声音
    - 对别人的发音有评价态度
    - 有意地改变通常的发音
    - 为发音找根据
    - 意识到同音字有不同意义
    - 对发音的生理问题感兴趣

2. 词汇的发展

- 词汇的发展
  - 词汇量增加,内容变化大(词汇的发展可作为言语发展的重要标志之一)
  - 词类范围日益扩大
    - 先掌握的是实词,然后是虚词
    - 掌握的顺序是名词—动词—形容词
    - 使用频率最高的是代词,其次是动词和名词
  - 词义逐渐丰富和加深
    - 笼统
    - 非常具体
    - 对词义的理解或是失之过宽,或是失之过窄
    - 出现“造词现象”

补充:

消极词汇是指理解但不能运用的词汇,实际上理解也是不深不透的。

积极词汇是指儿童自己能说能用的词汇。

3. 初步掌握语法

幼儿在与环境的不断交往中,自然掌握了一些基本语法结构和句型。

4. 口语表达能力进一步发展

口语表达能力的发展
- 对话言语的发展和独白言语的出现
- 情境性言语的发展和连贯性言语的产生

5. 出现内部言语的过渡形式——出声的自言自语

形式
- ①游戏言语是一种在游戏、绘画活动中出现的言语。其特点是一边做动作，一边说话，用言语补充和丰富自己的行动。这种言语通常比较完整、详细，有丰富的情感和表现力
- ②问题言语是在活动中遇到困难或问题时产生的言语，用以表示困惑、怀疑、惊奇等。这种言语一般比较简单、零碎，由一些压缩的词句组成

知识 2　书面言语掌握的可能性

条件
- 掌握口语词汇
- 掌握语音
- 掌握基本语法和口语表达力
- 幼儿图形知觉的发展

第三节　学前儿童的言语与活动

一、活动中学前儿童言语的特点分析

知识 1　自我中心言语

自我中心，是指儿童把注意力集中在自己的动作和观点上的现象。

在言语方面表现
- 讲话时不考虑自己在同谁讲话
- 不在乎对方是否在听自己讲话
- 自言自语
- 由于和一个偶然在身边的人共同活动感到愉快而说话

知识2 社会化言语

内容：
- 适应性告知
- 批评和嘲笑
- 命令、请求（祈使）和威胁
- 问题与回答

补充：

自我中心言语的三个范畴：
- 重复（无意义字词的重复）
- 独白
- 双人或集体的独白

二、学前儿童言语发展中易出现的问题

问题：
- 音准差
  - 不能正确掌握发音部位和发音方法
  - 方言影响
- 不会掌握言语表情技巧
  - 掌握不好语气
  - 学前儿童口吃

三、在实践中提高学前儿童的言语能力

措施：
- ①有目的、有计划的幼儿园语言教育活动是发展学前儿童言语能力的重要途径
- ②创设良好的语言环境，提供学前儿童交往的机会
- ③把言语活动贯穿于学前儿童的一日活动之中
- ④教师良好的言语榜样
- ⑤注重个别教育

指导：在实践中提高学前儿童的言语能力是幼儿园教师招聘考试中的重点内容，常以简答等的形式考查，考生需要理解记忆。

知识拓展

内部言语

(1)内部言语是一种自问自答或不出声的言语活动；

(2)内部言语是在外部言语的基础上形成的；

(3)内部言语和外部言语之间有密切的关系；

(4)言语对儿童心理活动和行为的调节功能，使儿童有了心理的自我调节功能。

实战演练

1. 简述学前儿童动作发展规律。
2. 简述学前儿童言语发生发展的趋势。
3. 简述幼儿语音的发展特征。
4. 简述幼儿词汇的发展特征。
5. 在实践中如何提高学前儿童的言语能力？

第四章　学前儿童认知的发展

思维导图

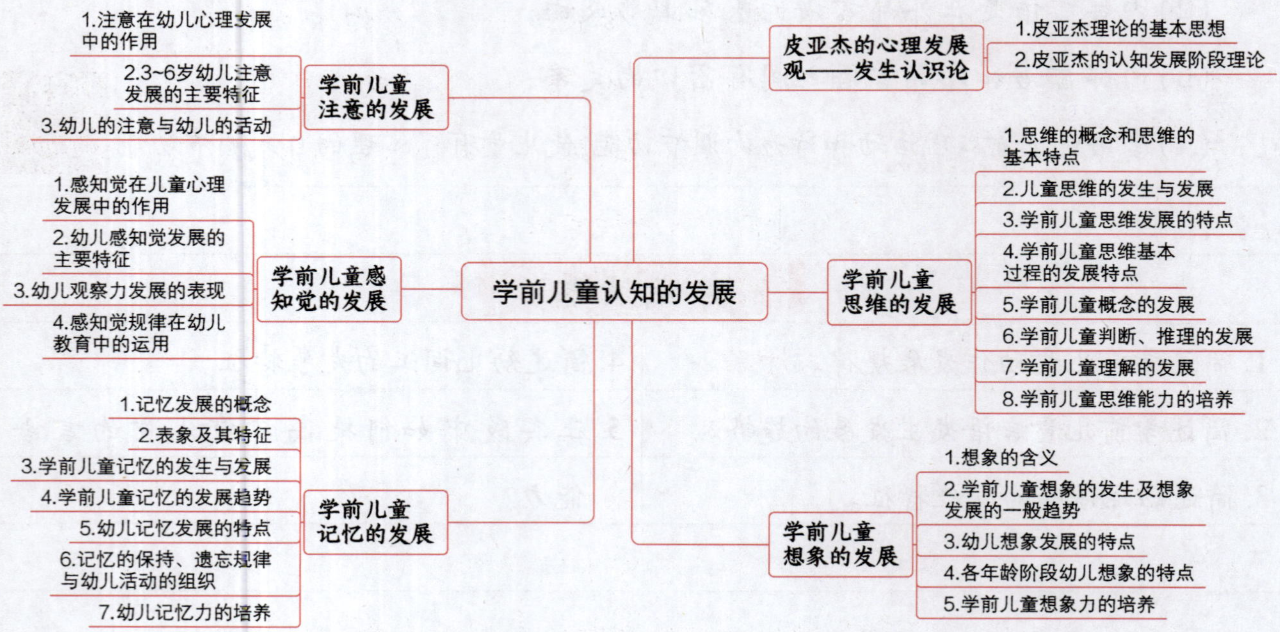

要点精讲

第一节　学前儿童注意的发展

一、注意在幼儿心理发展中的作用

知识 1　注意的概念

注意是一种心理状态。它是心理活动对一定对象的指向和集中。指向性和集中性是注意的两个基本特点。

知识 2　注意与心理过程

注意不是一种独立的心理过程，它总是与人的其他心理活动相伴随而进行。

知识 3　注意对幼儿的活动和心理发展的意义

对幼儿活动的意义	对幼儿心理发展的意义
①是幼儿游戏活动开展的保证； ②是幼儿学习活动的保证	①能使幼儿从环境中接受大量的信息，调整自己的行为； ②对幼儿认识过程的发展有重要意义； ③对幼儿坚持性发展具有重要的影响作用

二、3～6岁幼儿注意发展的主要特征

主要特征：

- 幼儿的无意注意占优势（诱因）
  - 刺激比较强烈，对比鲜明，新异和变化多动的事物
  - 与幼儿兴趣、需要和生活经验有关系的事物
- 幼儿的有意注意初步发展（产生的条件）
  - 有意注意依赖于丰富多彩的活动的开展
  - 对活动目的、活动任务的理解程度
  - 对活动的兴趣与良好的活动方式
  - 言语指导和言语提示
  - 性格与意志特点

三、幼儿的注意与幼儿的活动

知识1 注意的规律与幼儿的活动

1. 注意的选择性与幼儿的活动

注意的选择性发展规律：

①在很大程度上是由幼儿的兴趣和情绪引起的

②与幼儿的理解水平和经验有密切关系

③受强化方式的影响，常见的强化方式有鼓励、表扬和批评、惩罚

2. 注意的稳定性与幼儿的活动

（1）注意稳定性的特点

①稳定性比较差

②存在明显的年龄差异

指导：幼儿集中注意的时间是3岁，3～5分钟；4岁，10分钟左右；5～6岁，20分钟左右。

（2）活动中影响幼儿注意稳定性的因素

- 注意的对象新颖、生动，形象鲜明
- 活动的游戏化
- 注意与幼儿操作活动的结合
- 幼儿的身体状况

3. 注意的分配与幼儿的活动

在同一时间内，把注意分配到两种或几种不同的对象与活动上，这就是注意的分配。

巧学妙记

注意的分配能力高体现在一边……一边……；注意的分配能力差体现在能……但不能……

4. 注意的广度与幼儿的活动

注意的广度也叫注意的范围，是指一个人在同一时间内能够清楚地察觉和把握对象的数量。"一目十行""眼观六路"，指的都是注意的范围。

影响注意广度的因素：
- 注意对象的特点
- 活动的任务和个人的知识经验

知识2 幼儿注意发展中容易出现的问题及教育措施

1. 幼儿注意的分散与防止

注意的分散是与注意的稳定相反的一种状态，是指幼儿的注意离开了当前应该指向的对象，而被一些与活动无关的刺激物所吸引的现象，俗语叫作分心。

(1) 幼儿注意分散的原因

原因：
- 连续进行的单调活动
- 缺乏严格的作息制度
- 无关刺激的干扰
- 注意转移的能力差
- 不能很好地进行两种注意的转换

(2) 防止幼儿注意分散

措施：
- 防止无关刺激的干扰
- 制定合理的作息制度
- 养成良好的注意习惯
- 适当控制幼儿的玩具和图书的数量
- 使幼儿明确活动的目的和要求
- 灵活地交互运用无意注意和有意注意
- 提高教学质量
- 对幼儿进行有意注意的训练

2. 幼儿的“多动”现象与注意

幼儿注意的稳定性比较差，主要特征之一就是“多动”，表现为注意力不集中。“多动”与“多动症”是不同的概念。

第二节　学前儿童感知觉的发展

一、感知觉在儿童心理发展中的作用

知识 1　感知觉的概念

	感觉	知觉
概念	人脑对直接作用于感觉器官的客观事物的个别属性的反映	人脑对直接作用于感受器的客观事物的整体反映
关系	知觉是在感觉的基础上形成的，各种感觉一经构成知觉，便有机地发生联系	

知识 2　感知觉在学前儿童心理发展中的作用

作用：
- 感觉和知觉是人生最早出现的认识过程
- 两岁前儿童依靠感觉和知觉认识世界
- 感觉和知觉在 3～6 岁儿童的心理活动中仍占优势

二、幼儿感知觉发展的主要特征

知识 1　视觉的发展

1. 视敏度

视敏度即视觉敏锐度，是指人分辨细小物体或远距离物体细微部分的能力，也就是人通常所称的视力。

2. 颜色视觉

颜色视觉是区别颜色细微差异的能力，也称辨色力。

幼儿的颜色视觉发展特点

幼儿初期(3～4岁)	幼儿中期(4～5岁)	幼儿晚期(5～6岁)
已能初步辨认红、橙、黄、绿、蓝等基本色，但在辨认混合色和近似色时，往往较困难，也难以说出颜色的正确名称	大多数能认识基本色，近似色，并能说出基本色的名称	不仅能认识颜色，而且在画图时，能运用各种颜色调出需要用的颜色，并能正确地说出黑、白、红、蓝、绿、黄等颜色的名称

3. 影响婴幼儿视力的因素

幼儿视力受遗传和环境影响。

4. 色盲是颜色视觉异常

色盲可分为全色盲、全色弱、红绿色盲和红绿色弱四种。

知识 2　听觉的发展

1. 听觉敏度

新生儿出生后就能听到声音，但听觉阈限在最好的情况下也比成人高 10～20 分贝，最差时要比成人高 40～50 分贝。

随着年龄的增加，婴儿的听觉阈限逐步下降。

2. 听觉定位

婴儿的听觉定位表现出令人费解的 U 形发展。新生儿出生后 5 分钟就表现出听觉定位的能力。但 2～3 个月时，这一能力却消失殆尽。直到 4～5 个月时才再次出现。

3. 听觉辨别

2～3 个月的婴儿能区分 ba 和 pa，这种精细的分辨能力是先天的。

知识 3　触觉的发展

触觉是肤觉和运动觉的联合，是幼儿认识世界的重要手段。

1. 视触觉的协调

视触协调主要表现为眼手探索活动的协调。眼手协调活动是婴儿认知发展过程中的重要里程碑，也是手的真正探索活动的开始。

眼手协调动作出现的主要标志是伸手能抓到东西。

幼儿已能很好地协调视觉，进而实现对客观事物的更精确的反映。

2. 动觉

幼儿动觉的感受性随年龄增长而提高。

知识 4 学前儿童空间、时间知觉的发展

1. 空间知觉

(1) 形状知觉

儿童最容易辨别的图形是圆形，幼儿叫出图形名称比辨认图形要晚。由易到难的程序是：圆形→正方形→半圆形→长方形→三角形→八边形→五边形→梯形→菱形。

(2) 大小知觉

大小知觉是人们对物体大小的感知能力。4~5 岁的幼儿在判别积木大小时，要用手逐块地摸积木的边缘，或把积木叠在一起去比较。而 6~7 岁的幼儿，由于经验的作用，已经可以单凭视觉辨别出积木的大小。

(3) 方位知觉

方位知觉是指对物体的空间关系和自己的身体在空间所处位置的知觉，包括辨别上、下、前、后、左、右、东、西、南、北、中的知觉。教师在音乐、体育等教学活动中要用"镜面示范"，即从幼儿的角度来做示范动作。

方位知觉的发展趋势：
- 3 岁：辨别上下
- 4 岁：辨别前后方位
- 5 岁：能以自身为中心辨别左右方位
- 6 岁：以左右方位的相对性来辨别左右仍然感到困难
- 7 岁：能够辨别以别人为基准的左右方位

(4) 距离知觉

距离知觉是辨别物体远近的知觉。幼儿可以分清他们所熟悉的物体或场所的远近，对于比较广阔的空间距离，他们还不能正确认识。幼儿不懂得近物大，远

物小，近物清楚，远物模糊等感知距离的视觉信号。

深度知觉是距离知觉的一种。为了了解婴幼儿深度知觉的发展状况，吉布森和沃克设计了“视崖”实验。

2. 时间知觉

幼儿前期	主要以人体内部的生理状态来反映时间
幼儿初期	与具体事物和事件相联系的时间知觉，逐渐学习了借助于某种生活经验（生活作息制度、有规律的生活事件等）和环境信息反映时间。而且开始使用标志时间的词语
幼儿中期	可以正确理解“昨天”“明天”，也能运用“早晨”和“晚上”等词，但是对较远的时间，如“前天”“后天”等，理解起来仍感到困难
幼儿晚期	在前面的基础上，又开始能辨别“前天”“大后天”等；并能学会看钟表等

补充：

时间知觉的特点和发展趋势：
- ①时间知觉的精确性与年龄呈正相关，即年龄越大，精确性越高
- ②时间知觉的发展水平与儿童的生活经验呈正相关
- ③幼儿对时间单元的知觉和理解有一个“由中间向两端”“由近及远”的发展趋势
- ④理解和利用时间标尺（包括计时工具）的能力与其年龄呈正相关

三、幼儿观察力发展的表现

表现：
- 目的性增强
- 持续性延长
- 细致性增加
- 概括性提高
- 观察方法的形成

指导：幼儿观察力发展的表现常以单项选择的形式考查。

四、感知觉规律在幼儿教育中的运用

运用：
- 感受性变化与幼儿的活动
  - 适应现象
  - 对比现象
- 知觉中对象与背景的关系

补充：

把对象从背景中分离出来，受到以下几种因素的影响

(1)对象与背景的差别；

(2)对象的活动性；

(3)刺激物本身各部分的组合(相邻性原则)；

(4)教师的言语与直观材料相结合。

第三节　学前儿童记忆的发展

一、记忆发展的概念

记忆是人脑对过去经验的反映，是一种较为复杂的心理过程。

记忆包括识记、保持、再认或回忆三个基本环节。

识记、保持、再认或回忆之间的关系是极为密切的。识记和保持是再认或回忆的前提，而再认或回忆是识记和保持的结果和证明，并能进一步巩固和加强识记和保持。

概念：
- ①识记就是识别和记住事物，从而积累知识经验的过程
- ②保持是巩固已获得知识经验的过程
- ③再认是指识记过的事物重新出现时，感到熟悉，确知是以前感知过或经历过的
- ④回忆是指识记过的事物并没有再次出现，由于其他事物的影响而使这些事物在头脑里呈现出来的过程

二、表象及其特征

知识 1 表象

在头脑中的客观事物的形象
感知过的事物不在面前而在头脑中呈现出来的形象
是在感知觉的基础上产生的
可以分为视觉表象、听觉表象、味觉表象、嗅觉表象等

知识 2 特征

特征：
- 直观性（形象性）
- 概括性

三、学前儿童记忆的发生与发展

发生与发展：
- 胎儿的听觉记忆（胎儿末期，听觉记忆确已出现）
- 新生儿记忆的表现
  - 建立条件反射
  - 对熟悉的事物产生“习惯化”
- 婴儿记忆的表现（主要是再认形式，在6个月左右开始“认生”）

四、学前儿童记忆的发展趋势

知识 1 记忆保持时间的延长

记忆保持时间是指从识记材料开始到能对材料再认或回忆之间的间隔时间，也称为记忆的潜伏期。

短时记忆是指一分钟以内的记忆。

长时记忆是指从一分钟以上直到许多年甚至终身保持的记忆。长时记忆是对短时记忆反复加工的结果。

在幼儿记忆保持时间的发展中，存在一些独特的现象：

现象：
- ①幼儿健忘（3岁前儿童的记忆一般不能永久保持）
- ②记忆恢复（回涨）现象（在一定条件下，学习后过几天测得的保持量比学习后立即测得的保持量要高）

知识 2 记忆容量的增加

1. 记忆广度

记忆广度是指在单位时间内能够记忆的材料的数量。这个数量是有一定限度的。一般人的记忆广度为 7± 2 个信息单位。

2. 记忆范围

记忆范围的扩大是指记忆材料种类的增多，内容的丰富。

3. 工作记忆

工作记忆是指在短时记忆过程中，把新输入的信息和记忆中原有的知识经验联系起来的记忆。

知识 3 记忆内容的变化

1. 运动记忆（最早出现）

运动记忆是指识记内容为人的运动或动作的记忆。

2. 情绪记忆

情绪记忆是对体验过的情绪情感的记忆。

3. 形象记忆

形象记忆是以感知过的事物的具体形象为内容的记忆。幼儿的形象记忆是依靠表象进行的，其中起主要作用的是视觉表象。

4. 语义记忆（语词记忆）

语义记忆（语词记忆）又称语词逻辑记忆，是个体对以各种有组织的知识为内容的记忆。

补充：

儿童记忆发生发展的顺序：运动记忆（出生后 2 周左右）→情绪记忆（6 个月左右）→形象记忆（6～12 个月左右）→语词记忆（1 岁左右）。

知识 4 记忆的意识性与记忆策略的形成

1. 记忆意识性的发展

随着年龄的增长，儿童记忆意识性开始逐渐萌芽、发展。

2. 记忆策略的形成

(1) 儿童记忆策略的发展阶段

发展阶段
- ①无策略阶段(0～5岁)：既不能自发地使用记忆策略，也不能在他人的要求或暗示下使用策略
- ②部分策略阶段(5～7岁)：能部分地使用策略或使用一种策略的某种变式，表现为在有些场合能使用，而在另一些场合却不能使用
- ③策略效果脱节阶段(7～10岁)：能在各种场合使用某一种策略，但记忆的效果并没有提高，表现为记忆成绩滞后于策略使用的脱节现象
- ④有效策略阶段(10岁以后)：能熟练地运用，并有效地提高记忆成绩

(2) 学前儿童的记忆策略

策略
- ①视觉复述策略(将注意力有选择地集中在所要记住的事物上)
- ②定位策略(对目标刺激"贴上"某种特定的标签以便于记忆)
- ③复述策略(不断重复需要记忆的内容)
- ④组织性策略(将记忆材料按不同的意义组织成各种类别，编入各种主题，使它们产生意义联系，或对内容进行改组，以便于记忆)
- ⑤提取策略(将贮存于长期记忆中的特定信息回收到意识水平上)

五、幼儿记忆发展的特点

特点
- 无意记忆占优势
  - 效果优于有意记忆
  - 效果随着年龄增长而提高
  - 积极认知活动的副产物
- 有意记忆逐渐发展
  - 是在成人的教育下逐渐产生的
  - 效果依赖于对记忆任务的意识和活动动机
  - 幼儿有意回忆的发展先于有意识记

特点：
- 记忆的理解和组织程度逐渐提高
  - 机械记忆用得多
  - 意义记忆的效果优于机械记忆
- 形象记忆占优势，语词记忆逐渐发展
  - 形象记忆的效果优于语词记忆
  - 形象和语词记忆都随着年龄的增长而发展
  - 形象和语词记忆的差别逐渐缩小
- 幼儿记忆的意识性和记忆方法逐渐发展

补充：

意义记忆比机械记忆效果好的原因

(1)意义记忆是通过对材料的理解进行的；

(2)机械记忆只能把事物作为单个、孤立的小单位来记忆，意义记忆使记忆材料互相联系，从而把孤立的小单位联系起来，形成较大的单位或系统；

(3)幼儿的机械记忆和意义记忆都在不断发展。

六、记忆的保持、遗忘规律与幼儿活动的组织

知识 1 记忆的保持、遗忘及遗忘规律

1. 保持和遗忘

保持是过去识记过的事物形象在头脑中得到巩固的过程。

遗忘是对识记过的材料不能再认和再现，或者是错误的再认和再现。

2. 遗忘规律

德国心理学家艾宾浩斯最早对遗忘现象做了比较系统的实验研究。遗忘是有规律的，即遗忘的进程是不均衡的，其趋势是先快后慢、先多后少，呈负加速，且到一定的程度就不再遗忘了。

影响遗忘进程的因素之一有系列位置效应。系列位置效应就是指接近开头和末尾的记忆材料的记忆效果好于中间部分的记忆效果的趋势。开头部分和结尾部分的记忆效果较好，分别称为首因效应和近因效应，而效果较差的中间部分被称为渐近部分。

知识 2 幼儿识记材料的组织

(1)帮助幼儿进行及时、合理的复习；

(2)给幼儿的识记材料要形象，方法要有趣；

(3)帮助幼儿理解识记材料；

(4)让幼儿采用多种感官参与记忆过程。

七、幼儿记忆力的培养

幼儿记忆力的培养
- 明确记忆目的，增强记忆的积极性
- 通过各种感官参与识记
- 教授幼儿运用记忆的方法和策略
- 引导幼儿按照遗忘规律进行复习
- 培养幼儿对学习的兴趣和信心
- 选择最佳的记忆时间

知识拓展

幼儿常用记忆的方法

1. 直观形象记忆法（应用形象代替语言、文字以提高记忆效果）。

2. 归类记忆法（把许多同类的事物归为一类，将记忆材料整理成适当有序的材料库进行记忆）。

3. 歌诀记忆法（把要学习的内容编成歌谣或者歌诀的形式进行记忆）。

4. 愉快识记法（让学前儿童怀着愉快的心情识记）。

第四节　学前儿童想象的发展

一、想象的含义

想象是对头脑中已有的表象进行加工改造，建立新形象的过程。想象的两大特点是形象性和新颖性。

二、学前儿童想象的发生及想象发展的一般趋势

知识 1 学前儿童想象的发生

想象的发生
- 想象发生的年龄(1 岁半到 2 岁儿童出现想象的萌芽)
- 想象萌芽的表现与特点
  - 记忆表象在新情景下的复活
  - 简单的相似联想
  - 没有情节的组合

知识 2 学前儿童想象发展的一般趋势

一般趋势
- 从想象的无意性,发展到开始出现有意性
- 从想象的单纯的再造性,发展到出现创造性
- 从想象的极大夸张性,发展到合乎现实的逻辑性

三、幼儿想象发展的特点

知识 1 无意想象为主，有意想象开始发展

1. 无意想象的特点

指导:无意想象是指没有预定目的和意图，在一定的刺激影响下，不由自主地进行的想象。

特点
- 想象的目的性不明确
- 想象的主题易受外界的干扰而变化,内容零散,无系统
- 想象过程受兴趣和情绪的影响
- 以想象的过程为满足

2. 有意想象的特点

特点
- ①在教育的影响下,幼儿的有意想象开始发展
- ②中班以后,幼儿的想象已具有一定的有意性和目的性
- ③大班以后,幼儿的想象还有了他们本身的独立性

指导:有意想象是指根据一定的目的、自觉地创造出新形象的过程。

知识 2 再造想象为主，创造想象开始发展

1. 再造想象的发展

(1)幼儿再造想象的主要特点

> 指导：再造想象是根据语言文字的描述或图形、图解、符号等非语言文字的描绘，在头脑中形成相应的新形象的过程。

特点：
- 常常依赖于成人的言语描述
- 常常根据外界情景的变化而变化
- 想象中的形象多是记忆表象的极简单加工，缺乏新异性

(2)再造想象在幼儿生活中占主要地位

地位：
- 再造想象与创造想象相比，是较低发展水平的想象
- 再造想象是幼儿生活所大量需要的

(3)幼儿再造想象为创造想象的发展奠定基础

再造想象的发展，使幼儿积累了大量的想象形象，在它的基础上，逐渐出现一些创造想象的因素。

2. 创造想象的发展

创造想象是指根据一定的目的和任务，不依赖现存的描述而独立创造出新形象的过程。

发展的特点：
- ①最初的创造想象是无意的自由联想，可以称为表露式创造
- ②形象和原型只是略有不同，或者在常见模式上略有改造
- ③发展的表现在于：情节逐渐丰富，从原型发散出来的种类和数量增加，从不同中找出非常规性相似

整个幼儿时期，幼儿是以再造想象为主的。在教育的影响下，幼儿在中班以后，再造想象中开始出现创造性的成分。

知识 3 幼儿想象的夸张性

1. 幼儿想象夸张性的表现

表现：
- 夸大事物某个部分或某种特征
- 混淆假想与现实
  - 把渴望得到的东西说成已经得到
  - 把希望发生的事情当成已发生的事情来描述
  - 在参加游戏或欣赏文艺作品时，与角色产生同样的情绪反应

2. 幼儿想象夸张的原因

(1)认知水平尚处于感性认识占优势的阶段,抓不住事物的本质。

(2)情绪对想象过程有影响。幼儿的一个显著心理特点是情绪性强。他感兴趣的东西、他希望的东西,往往在其意识中占据主要地位。

(3)幼儿想象在认知中的地位。幼儿想象的夸大性,反映了幼儿想象的发展水平,及其在认知发展中的地位。幼儿的想象是一端接近于记忆,另一端接近于创造性思维的阶段。

(4)想象表现能力的局限。

补充:

再造想象的类型:
- 经验性想象
- 情境性想象
- 愿望性想象
- 拟人化想象

指导:经验性想象指幼儿凭借个人生活经验和个人经历开展想象活动。情境性想象指幼儿的想象活动是由画面的整个情境引起的。

四、各年龄阶段幼儿想象的特点

年龄阶段	3~4岁	4~5岁	5~6岁
特点	①想象活动没有目的,没有前后一贯的主题; ②想象内容零碎,无意义联系,内容贫乏,数量少而单调	①想象仍以无意性为主; ②想象出现了有意成分; ③想象的目的计划非常简单; ④想象内容较以前丰富,但仍然零碎	①想象的有意性相当明显; ②想象内容进一步丰富,有情节; ③想象内容新颖性程度增加; ④想象形象力求符合客观逻辑

五、学前儿童想象力的培养

培养策略：
- 丰富幼儿的表象，发展幼儿的语言表现力
- 在文学艺术等多种活动中，创造幼儿想象发展的条件
- 在游戏中，鼓励和引导幼儿大胆想象
- 在活动中进行适当的训练，提高幼儿的想象力
- 抓住日常生活中的教育契机，引导幼儿进行想象
- 引导幼儿的想象符合客观规律

第五节　学前儿童思维的发展

一、思维的概念和思维的基本特点

思维是人脑对客观现实的间接的和概括的反映，是人认知的高级阶段。

思维具有两个基本特点：间接性和概括性。

二、儿童思维的发生与发展

知识 1　儿童思维的发生

出现最初的用语词的概括，是儿童思维发生的标志。

知识 2　儿童思维发展的趋势

趋势：
- 思维方式的变化（思维发展的阶段性）
  - 直观行动思维（直观的、行动的）
  - 具体形象思维（典型方式）
  - 抽象逻辑思维（逻辑关系）
- 思维工具的变化
  - ①思维活动主要依靠动作进行，语言只是行动的总结
  - ②语言伴随动作进行
  - ③思维主要依靠语言进行，语言先于动作而出现，并起着计划动作的作用
- 思维活动的内化（先是外部的、展开的，以后逐渐向内部的、压缩的方向发展，直观行动思维活动的典型方式是尝试错误）

趋势{思维内容的变化(从反映事物的外部联系和现象发展到反映事物的内在的、本质的联系和属性)

补充：

直观行动思维的主要特征：①思维是在直接感知中进行的。②思维是在实际行动中进行的。思维不能离开儿童自己的动作。

三、学前儿童思维发展的特点

特点
- 幼儿初期的思维仍具有一定的直观行动性
  - 思维解决的问题复杂化
  - 思维解决问题的方法比较概括化
  - 思维中语言的作用逐渐增强
- 具体形象思维是学前儿童思维的主要特征（表现出的特点）
  - 具体性；形象性；经验性
  - 拟人性；表面性；片面性
  - 固定性；近视性
- 幼儿晚期（5～6岁）抽象逻辑思维开始萌芽

四、学前儿童思维基本过程的发展特点

知识1 思维过程

表现
- 分析与综合（基本过程）
- 比较
- 抽象、概括
- 具体化

指导：思维过程常以单项选择的形式考查。

知识2 学前儿童比较的发展

发展趋势
- ①逐渐学会找出事物的相应部分
- ②先学会找物体的不同处，后学会找物体的相同处，最后学会找物体的相似处

知识 3 学前儿童分类的发展

1. 学前儿童分类的类型

类型：
- 不能分类
- 依感知特点分类
- 依生活情景分类
- 依功用分类
- 依概念分类

2. 学前儿童分类的年龄特征

年龄特征：
- ①4 岁以下儿童基本上不能分类
- ②5～6 岁是儿童处于由不会分类向开始发展初步分类能力的过渡时期
- ③6 岁以后，儿童能够依物体的功用及其内在的联系进行分类

3. 学前儿童分类活动的发展阶段

发展阶段：
- 子类跟子类比(或部分与部分比)
- 直观上能将类跟子类相比较
- 能在抽象水平上将类和子类相比较

知识 4 学前儿童概括的发展

学前儿童的概括水平是处于表面的、具体的感知和经验的概括到开始进行某些内部的、靠近本质概括的发展阶段。

五、学前儿童概念的发展

知识 1 概念的形成与掌握

学前儿童对概念的掌握并不是简单地、原封不动地接受，而是要把成人传授的现成概念纳入自己的经验系统中，按照自己的方式加以改造。

知识 2 学前儿童掌握概念的一般特点

一般特点：
- 以掌握具体实物概念为主，向掌握抽象概念发展
- 掌握概念的名称容易，掌握概念内涵困难

补充：

每个概念都有一定的内涵和外延。

内涵即含义，是指概念所反映的事物的本质特征。

概念的外延，则是指概念所反映的具体事物，即适用范围。

知识3 学前儿童掌握概念的类型和特点

1. 学前儿童掌握实物概念的特点

特点：
- 以低层次概念为主
- 以具体特征为主

2. 学前儿童掌握数概念的特点

特点：
- 数概念的萌芽
  - 辨数，对物体大小或多少的模糊认识
  - 认数，产生对物体整个数目的知觉
  - 点数，开始形成数概念
- 数概念的发展
  - 掌握数的顺序
  - 数的实际意义
  - 数的组成

指导：儿童的数概念的形成，经历口头数数→给物说数→按数取物→掌握数概念等四个阶段。

3. 学前儿童掌握空间概念的特点

儿童空间知觉和时间知觉发展较早，而掌握空间概念和时间概念则比较晚。掌握空间概念和时间概念与掌握相应的词有密切联系。

4. 学前儿童掌握时间概念的特点

特点：
- 对时间顺序的概念明显地受时间循环周期长短的影响
- 对一日时间的延伸与当日时序的认知
- 对时序的认知带有固定性
- 以自身生活经验作为时间关系的参照物
- 说出时间词语和时间概念的形成互相促进，但不同步
- 学前儿童对时序的认知经过四个连续发展的阶段

补充：

学前儿童对时序的认知经过四个连续发展的阶段

(1)不能对有关时间的刺激物归类；

(2)在知觉水平上做出分类；

(3)能把某一特定的时序与具体生活事件联系起来，并用故事的形式正确叙述先后发生的连续事件；

(4)能够摆脱具体的、直观的生活内容，把时间关系抽象概括出来，真正形成时间概念。

5. 学前儿童掌握科学概念的特点

学前儿童所掌握的概念主要是日常概念，而不是科学概念。日常概念可以不经过专门教学而在日常和别人交往中或个人积累经验过程中掌握；科学概念则要经过专门教学才能掌握。日常概念和科学概念并不是绝对对立的。

六、学前儿童判断、推理的发展

知识1 学前儿童判断发展的趋势

趋势：
- 形式间接化
- 内容深入化
- 根据客观化
- 论据明确化

指导：学前儿童判断发展的趋势常以单项选择的形式考查。

知识2 学前儿童推理的发展

1. 最初的转导推理

转导推理是从一些特殊事例到另一些特殊事例的推理。

2. 学前儿童的演绎推理

归纳和演绎属于逻辑推理，演绎推理的简单而典型的形式是三段论。

3. 学前儿童的类比推理

类比推理也是一种逻辑推理，它在某种程度上属于归纳推理。它是对事物或数量之间关系的发现和应用。

七、学前儿童理解的发展

知识 1 学前儿童对事物理解能力的发展趋势

趋势
- ①从对个别事物的理解，发展到理解事物之间的关系
- ②从主要依靠具体形象来理解，发展到依靠语言说明来理解
- ③从对事物做简单、表面的理解，发展到理解事物较复杂、深刻的含义
- ④从理解与情感密切联系，发展到比较客观的理解
- ⑤从不理解事物的相对关系，发展到逐渐能理解事物的相对关系

知识 2 幼儿理解事物的特点

特点
- 幼儿理解事物的水平不高，不深刻，常受外部条件的限制
- 常是孤立的，不能发现事物之间的内在关系
- 主要依靠事物的具体形象
- 往往是表面的，不能理解事物的内部含义

八、学前儿童思维能力的培养

培养
- 不断丰富学前儿童的感性知识
- 帮助学前儿童丰富词汇，正确理解和使用各种概念，发展语言
- 开展分类练习活动，培养学前儿童的抽象逻辑思维能力
- 在日常生活中鼓励学前儿童多想、多问，激发其求知欲，保护其好奇心
- 开展各种游戏（智力游戏、教学游戏），培养学前儿童的创造性思维

第六节 皮亚杰的心理发展观——发生认识论

一、皮亚杰理论的基本思想

皮亚杰称他自己的大体理论框架为“发生认识论”。具体来说，就是研究人类的认识（认知、智力、思维、心理）的发展和结构。皮亚杰认为，认知发展是生物发展的扩展，其中，智力发展控制着情绪、社会性以及道德发展。

知识 1 心理发展的实质和过程

图式是一种心理结构，是一系列整合的知觉、观念和行为在心理上的表征。

同化是指把环境因素纳入机体已有的图式或认知结构之中，以加强和丰富主体的动作。

顺应是指改变主体已有的图式或认知结构以适应客观变化。

幼儿心理发展的实质，就是机体在和环境发生不断的交互作用中对环境的适应过程，也就是不断打破旧平衡，建立新平衡的过程。

知识 2 影响心理发展的因素

因素
- 成熟
- 经验
- 社会环境
- 平衡

二、皮亚杰的认知发展阶段理论

阶段
- 感知运动阶段（0～2 周岁）：7 个月以后的婴儿才会继续寻找从他们视线中消失的物体，表明他们已经知道物体虽然从视线中消失，但一定在什么地方，表明他们已经获得了客体永久性
- 前运算阶段（2～7 周岁）
  - 自我中心性
  - 前概念性
  - 泛灵论
  - 直觉思维
  - 分类能力
- 具体运算阶段（7～11 周岁）以逻辑思维为主，获得守恒概念，自我中心程度下降
- 形式运算阶段（11～15 周岁）思维是以命题形式进行，并能发现命题之间的关系

知识拓展

幼儿表象思维的特点

1. 象征性

4岁以后幼儿的思维具有了象征性。

2. 经验性

幼儿的思维是根据自己的生活经验来进行的。

3. 拟人性

在幼儿眼中，往往是“万物有灵，万物有情”，即幼儿往往会将无意识的和没有生命的东西当作有意识和有生命的东西。

4. 表面性

幼儿的思维是根据具体接触到的表面现象来进行的，因此思维往往只是反映事物的表面联系，而不反映事物的本质联系。

5. 刻板性

幼儿的思维缺乏灵活性，他们较难掌握相对性。

实战演练

1. 简述3～6岁幼儿注意发展的主要特征。
2. 简述幼儿注意分散的原因。
3. 简述时间知觉的特点和发展趋势。
4. 简述学前儿童记忆的发展趋势。
5. 简述幼儿记忆发展的特点。
6. 简述意义记忆比机械记忆效果好的原因。
7. 简述幼儿常用记忆的方法。
8. 简述幼儿识记材料的组织。
9. 简述学前儿童想象发展的一般趋势。
10. 简述幼儿想象发展的特点。
11. 简述4～5岁幼儿想象的特点。
12. 简述学前儿童想象力的培养。
13. 简述学前儿童思维发展的特点。
14. 简述学前儿童掌握数概念的特点。
15. 简述学前儿童判断发展的趋势。
16. 简述学前儿童对事物理解能力的发展趋势。

第五章　学前儿童情绪的发展

思维导图

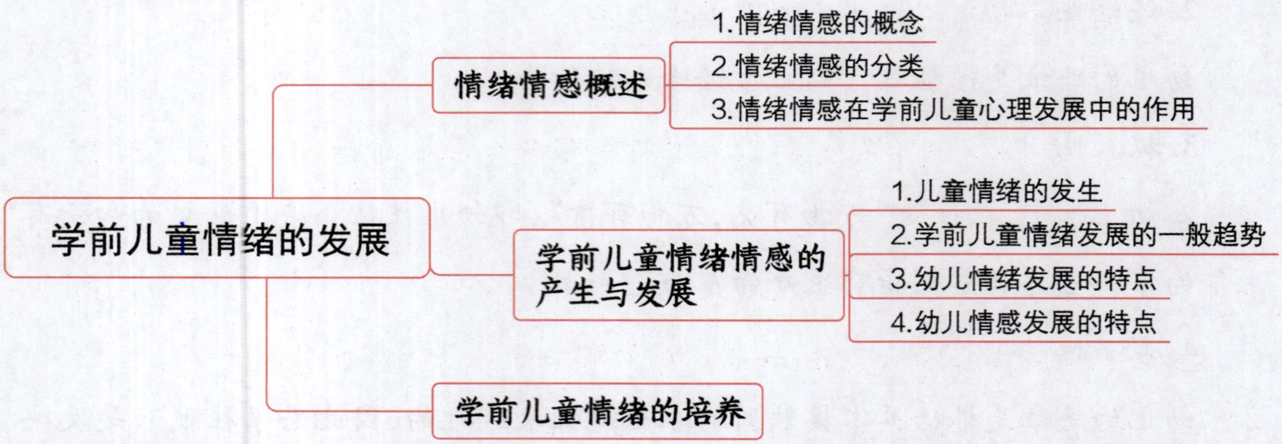

要点精讲

第一节　情绪情感概述

一、情绪情感的概念

知识 1　情绪情感的含义

情绪情感是人对客观事物的态度体验及相应的行为反应。

知识 2　情绪情感的关系

	情绪	情感
区别	原始的、低级的态度体验，由对事物单纯的感知觉直接引起，较多地带有情境性和易变性，与生理需要是否满足相联系，人和动物共有	后继的、高级的态度体验，由对事物复杂意义的理解引起，较多地带有稳定性和持久性，与社会需要是否满足相联系
联系	相互影响，相互制约	

二、情绪情感的分类

知识 1 情绪的分类

分类：
- 心境（微弱的、持续时间较长的、带有弥散性的心理状态）
- 激情（爆发式、猛烈而短暂的情绪状态）
- 应激（急速而高度紧张的情绪状态）

知识 2 情感的分类

分类：
- ①道德感（因自己或别人的言行是否符合社会道德标准而引起的情绪体验）
- ②理智感（在认识客观事物的过程中所产生的情感体验，它与人的求知欲、认识兴趣、解决问题的需要等满足与否相联系）
- ③美感（人对事物审美的体验，它是根据一定的美的标准而产生的）

三、情绪情感在学前儿童心理发展中的作用

作用：
- 动机作用
- 对认知发展的作用
- 是人际交往的重要手段
- 对儿童性格形成的作用
- 影响身心健康

补充：

父母和教师要注意发现幼儿的消极情绪，尽量保持幼儿健康的情绪。具体的做法：

(1) 使幼儿经常处于愉快的情绪状态；

(2) 不要给孩子造成过重的压力；

(3) 让幼儿充分活动，与小伙伴交往；

(4) 允许幼儿适当地宣泄；

(5) 让幼儿学会认识自己和他人。

第二节　学前儿童情绪情感的产生与发展

一、儿童情绪的发生

知识 1　情绪的发生

最初表现出来的情绪反应具有两个突出特点：

- 特点
  - 与生理需要是否得到满足直接相关；
  - 是儿童与生俱来的遗传本能，具有先天性。

知识 2　原始情绪的分类

新生儿有三种天生的主要情绪：怕、怒和爱。

二、学前儿童情绪发展的一般趋势

- 一般趋势
  - 情绪的社会化
    - 情绪中社会性交往的成分不断增加
    - 引起情绪反应的社会性动因不断增加
    - 情绪表述的社会化
      - 理解（辨别）面部表情的能力
      - 运用社会化表情的能力
  - 情绪的丰富和深刻化
  - 情绪的自我调节化
    - 情绪的冲动性逐渐减少
    - 情绪的稳定性逐渐提高
    - 情绪从外显到内隐

补充：

在 3 岁前儿童情绪反应的动因中，生理需要是否满足是其主要动因。

3~4 岁是儿童情绪的动因从主要为满足生理需要向主要为满足社会性需要的过渡阶段。

三、幼儿情绪发展的特点

- 特点
  - 易冲动性
  - 不稳定性（破涕为笑）
  - 外露性

四、幼儿情感的发展

- 道德感——幼儿期的道德感是不深刻的
- 理智感——幼儿期是幼儿理智感开始发展的时期
- 美感——幼儿对色彩鲜艳的艺术作品或物品容易产生喜爱之情

指导：中班幼儿的告状行为就是幼儿对别人行为方面的评价，它是基于一定的道德标准而产生的，是由道德感引起的。

第三节　学前儿童情绪的培养

策略
- 外因（环境、成人及成人的态度）
  - 营造良好的情绪环境
  - 成人情绪自控的示范
  - 采取积极的教育态度
- 内因（控制、调节、克服）
  - 帮助孩子控制情绪（转移注意法、冷处理法、消退法）
  - 教会孩子调节自己的情绪（行为反思法、想象法、自我说服法）
  - 在活动中帮助幼儿克服不良情绪
    - ①成人要善于发现与辨别孩子的情绪
    - ②从幼儿的情绪表现来分析幼儿的内心情感世界
    - ③注意幼儿的个别差异，对不同的孩子采取不同的方法
    - ④注意孩子积极情感的引导，让积极情感成为幼儿情感的主旋律，减少消极情感的产生

实战演练

1. 简述情绪情感在学前儿童心理发展中的作用。
2. 简述学前儿童情绪发展的一般趋势。
3. 简述幼儿情绪发展的特点。
4. 简述幼儿情绪能力的培养策略。

第六章　学前儿童社会性的发展

思维导图

- 学前儿童社会性的发展
  - 学前儿童社会性发展概述
    - 1.社会性发展的概念
    - 2.学前儿童社会性发展的内容
    - 3.学前儿童社会性发展的意义
  - 学前儿童亲子关系的发展
    - 1.亲子关系的概念
    - 2.依恋的概念
    - 3.依恋发展的阶段
    - 4.依恋的类型
    - 5.影响依恋的因素
  - 学前儿童同伴关系的发展
    - 1.同伴关系的概念和特点
    - 2.同伴关系的类型
    - 3.学前儿童同伴关系的功能
    - 4.影响幼儿同伴关系发展的因素
    - 5.交友关系中的问题幼儿
    - 6.帮助儿童建立良好同伴关系的策略
  - 幼儿社会性行为的发展
    - 1.社会性行为概述
    - 2.幼儿的亲社会行为
    - 3.幼儿的攻击性行为
    - 4.社会性行为培养
  - 学前儿童性别角色的发展
    - 1.性别角色的概念
    - 2.性别概念的获得
    - 3.学前儿童性别角色认知的发展阶段与特点
    - 4.学前儿童性别行为发展的阶段与特点
    - 5.影响幼儿性别角色行为的因素

要点精讲

第一节　学前儿童社会性发展概述

一、社会性发展的概念

社会性是作为社会成员的个体，为适应社会生活所表现出的心理和行为特征。

社会性发展（有时也称幼儿的社会化）是指幼儿从一个生物个体到逐渐掌握社会的道德行为规范与社会行为技能，成长为一个社会人并逐渐步入社会的过程。

二、学前儿童社会性发展的内容

亲子关系（依恋）、同伴关系、性别角色、亲社会行为、攻击性行为。

三、学前儿童社会性发展的意义

意义：
- ①幼儿健全发展的重要组成部分，促进学前儿童社会性发展已经成为现代教育最重要的目标
- ②幼儿期是学前儿童社会性发展的重要时期，是幼儿未来发展的重要基础

第二节　学前儿童亲子关系的发展

一、亲子关系的概念

狭义的亲子关系是指幼儿早期与父母的情感关系，即依恋。

广义的亲子关系是指父母与子女的相互作用方式，即父母的教养态度与方式。

二、依恋的概念

依恋是婴儿寻求并企图保持与另一个人亲密的身体和情感联系的一种倾向。

三、依恋发展的阶段

阶段：
- 第一阶段：无分化阶段（0~3个月）（无差别社会反应的阶段）
- 第二阶段：低分化阶段（3~6个月）（有差别社会反应的阶段）
- 第三阶段：依恋形成阶段（6个月至2.5岁）（特殊情感联接阶段）
- 第四阶段：修正目标的合作阶段（2.5岁以后）

四、依恋的类型

类型：
- 焦虑—回避型
- 安全型（较好的依恋类型）
- 焦虑—反抗型

补充：

亲子关系类型：
- 民主型（最有益于幼儿个性的良好发展）
- 专制型
- 放任型

指导：亲子关系类型常以单项选择的形式考查。

五、影响依恋的因素

因素：
- 教养方式
- 儿童的气质特点
- 家庭的因素：
  - 儿童的生存条件
  - 孩子受重视的程度
  - 家庭的氛围

补充：

影响依恋的因素
- 抚养者的特点——母亲的敏感性和反应性（关键因素）
- 婴儿的特征
- 多重依恋——父亲的特殊角色

备注：此观点采用的是中央广播电视大学出版社，李燕主编的《儿童心理学》。

第三节 学前儿童同伴关系的发展

一、同伴关系的概念和特点

同伴关系是指儿童与其他孩子之间的关系，是年龄相同或相近的儿童之间的一种共同活动并相互协作的关系。具有平等、互惠的特点。

二、同伴关系的类型

类型
- 受欢迎型儿童
- 被拒绝型儿童
- 被忽视型儿童
- 一般型儿童
- 矛盾型儿童

指导：同伴关系的类型常以单项选择、案例分析的形式考查。

三、学前儿童同伴关系的功能

功能
- 给予安全感和归属感
- 有利于儿童学习社交技能和策略，促进其社会性行为向积极、友好的方向发展
  - ①有助于促进儿童社交技能及策略的获得
  - ②同伴反馈有助于儿童的社会行为向积极、友好的方向发展
- 有利于促进学前儿童认知能力的发展
- 有助于儿童自我意识和人格的发展
- 可以帮助儿童去自我中心

四、影响幼儿同伴关系发展的因素

指导：对幼儿来说，影响同伴关系的主要因素是外表及个人性格。

影响因素：
- 早期亲子交往的经验
- 幼儿自身的特征
- 活动材料和活动性质
- 父母的鼓励
- 教师的影响

五、交友关系中的问题幼儿

类型：
- ①被忽视型幼儿（体质弱、力气小、能力较差；积极行为与消极行为均较少，性格内向、慢性、好静、不太活泼、胆小、不爱说话、不爱交往，在交往中缺乏积极主动性，且不善交往；孤独感较重，对没有同伴与自己玩感到比较难过与不安）
- ②被排斥型幼儿（体质强、力气大、行为表现最为消极、不友好、积极行为很少；能力较强、聪明、爱玩、性格外向、脾气急躁、容易冲动、过于活泼好动、喜欢交往、在交往中积极主动、但又很不善于交往，对自己的社交地位缺乏正确评价，往往估计过高，对没有朋友一起玩不太在乎）

六、帮助儿童建立良好同伴关系的策略

策略：
- 教会儿童合作，增强自信感
- 教会儿童游戏，提高参与度
- 教会儿童接纳，融洽同伴关系
- 教会儿童表达，培养积极情感

第四节　学前儿童性别角色的发展

一、性别角色的概念

性别角色是被社会认可的男性和女性在社会上的一种地位，也是社会对男性和女性在行为方式和态度上期望的总称。

二、性别概念的获得

	性别认同	性别稳定性	性别恒常性
含义	对自己和他人的性别的正确认识(1.5～2岁)	对自己的性别不随其年龄、情境等的变化而改变这一特征的认识(3～4岁)	对人的性别不因为其外表和活动的变化而改变的认识(6、7岁)

三、学前儿童性别角色认知的发展阶段与特点

发展阶段与特点
- 知道自己的性别，并初步掌握性别角色知识(2～3岁)
- 自我中心地认识性别角色(3～4岁)
- 刻板地认识性别角色(5～7岁)

四、学前儿童性别行为发展的阶段与特点

发展阶段与特点
- 性别行为的产生(2岁左右)
- 性别行为的发展(3～6、7岁)
  - 游戏活动兴趣方面的差异
    - ①男孩更喜欢有汽车参与的运动性、竞赛性游戏
    - ②女孩则更喜欢过家家的角色游戏
  - 选择同伴和同伴相互作用方面的差异(3岁后，儿童选择同性别伙伴的倾向日益明显)
  - 个性和社会性方面的差异

五、影响幼儿性别角色行为的因素

影响因素
- 生物因素对幼儿性别行为有一定的影响
- 父母的行为起着引导、被模仿和强化的作用
  - 父母是孩子性别行为的引导者
  - 父母是孩子性别行为的模仿对象
  - 父母对孩子性别行为的强化
- 大众媒体的强化
- 教学环境
- 模仿与扮演游戏

第五节 幼儿社会性行为的发展

一、社会性行为概述

社会性行为指人们在交往活动中对他人或某一事件表现出的态度、言语和行为反应。它在交往中产生，并指向交往中的另一方。

根据动机和目的不同，社会性行为可以分为亲社会行为和反社会行为两大类。

亲社会行为又称为积极的社会行为，指一个人帮助或打算帮助他人，做有益于他人的事的行为和倾向。

幼儿的亲社会行为主要有：同情、关心、分享、合作、谦让、帮助、抚慰、援助、捐献等。

亲社会行为的发展是幼儿道德发展的核心问题。移情是亲社会行为产生的基础。

反社会行为也称消极的社会行为，是指可能对他人或群体造成损害的行为和倾向。其中最具代表性、在幼儿中最突出的是攻击性行为。

二、幼儿的亲社会行为

知识 1 亲社会行为发展的阶段和特点

阶段和特点：
- 亲社会行为的萌芽（2 岁左右）
- 各种亲社会行为迅速发展，并出现明显个别差异（3～6、7 岁）
  - ①合作行为发展迅速
  - ②分享行为受物品的特点、数量、分享的对象的不同而变化
  - ③出现明显的个性差异

知识拓展

助人行为的发展

助人行为是儿童期望参加社会互动的结果。助人行为随着年龄的变化表现出不同的发展趋势。斯陶布认为，儿童的助人行为是随着年龄的增长而变化的，并且有其他儿童在场时，儿童会由于恐惧减少而增加助人行为。其研究结果表明，对于年龄在 5～12 岁的儿童来讲，5～8 岁期间儿童的助人行为是随着年龄的增长而增加的，而 9～12 岁期间的助人行为则是呈下降趋势的。也就是说，从幼儿期到小学中期，儿童的助人行为呈增长趋势并且逐渐达到最高峰，到了青少年早期，则呈下降趋势，到成年早期开始又有所增加。

知识 2 影响儿童亲社会行为发展的因素

影响因素
- 社会生活环境
- 儿童日常的生活环境
  - ①家庭的影响（温和养育型的父母趋向抚养利他儿童）
  - ②同伴相互作用
- 移情（最根本、最内在的要素）

知识 3 幼儿期亲社会性行为的发展特点

发展特点
- ①发展不存在性别差异
- ②主要是指向同伴，极少数指向教师
- ③指向同性伙伴和异性伙伴的次数存在年龄差异
- ④合作行为最为常见，其次为分享行为和助人行为，安慰行为和公德行为较少发生

补充：

1. 移情的作用

作用
- 可以使儿童摆脱自我中心，产生利他思想，从而导致亲社会行为
- 引起儿童的情感共鸣，产生同情心和羞愧感

2. 移情能力发展的特点

特点
- 对别人心理状态的理解从简单到复杂
- 从需要明显的外部线索到能理解隐蔽线索
- 儿童移情能力的水平是随儿童完成任务难度而变化
- 移情能力发展的关键期可能在4～6岁

3. 儿童分享行为的发展特点

特点
- ①“均分”观念占主导地位
- ②分享水平受分享物品数量的影响
- ③当物品在人手一份之外有多余的时候，儿童倾向于将多余的那份分给需要的儿童，非需要的儿童则不被重视

特点
- ④当分享对象不同时，儿童的分享反应也不同
- ⑤对食物均分反应高，慷慨反应少；而对玩具，儿童慷慨反应稍多

三、幼儿的攻击性行为

攻击性行为是一种以伤害他人或他物为目的的行为，是一种不受欢迎但却经常发生的行为。攻击性行为最大的特点是其目的性。

研究者将两类实质上有差别的行为称为敌意性攻击行为和工具性攻击行为。

敌意性攻击则是以人为指向目标，其目的在于打击、伤害他人，如嘲笑、讽刺、殴打等。

工具性攻击行为指幼儿为了获得某个物品所做出的抢夺、推搡等动作，这类攻击本身指向于一个主要的目标或某一物品的获取。

知识 1 幼儿期攻击行为的特点

特点
- ①攻击性行为频繁，主要表现为为了玩具和其他物品而争吵、打架，行为更多是直接争夺或破坏玩具和物品
- ②更多依靠身体上的攻击，而不是言语的攻击
- ③从工具性攻击向敌意性攻击转化
- ④攻击性行为有着明显的性别差异，幼儿园男孩比女孩更多地怂恿和卷入攻击性事件

知识 2 影响幼儿攻击性行为的因素

影响因素
- 父母的惩罚
- 大众传播媒介（榜样）
- 强化
- 挫折（直接原因）

指导：惩罚能抑制非攻击型幼儿的攻击性，却不能抑制攻击型幼儿的攻击性，反而会加重他们的攻击性行为。

四、社会性行为培养

知识 1 儿童亲社会行为的培养

方法
- 角色扮演法
- 移情训练

- 方法
  - 榜样示范法
    - ①在教育、教养儿童的过程中，为儿童提供亲社会行为的榜样
    - ②家长、教师应注意在自己的日常生活中为儿童树立良好的行为榜样
    - ③教师和家长要通过故事书、电视节目等多种途径为儿童提供分享、合作、助人等良好行为榜样
  - 善用精神奖励

知识 2 控制和减少儿童攻击性行为的方法

- 方法
  - 创设良好环境，控制环境和传媒的影响
  - 改善亲子关系，纠正家长不正确的教育方法
  - 提高儿童的自控能力和交往技能，帮助儿童掌握解决社会性冲突的技能
  - 提高儿童的社会认知水平和移情能力
  - 引导儿童掌握合理的心理宣泄方法
  - 及时表扬和奖励儿童亲社会行为

知识 3 幼儿攻击性行为的矫治

- 矫治方法
  - 榜样法
  - 阳性强化法
  - 消退法
  - 暂时隔离法

> 指导：幼儿攻击性行为的矫治常以单项选择的形式考查。

知识拓展

依恋形成的标志需符合的原则

心理学家谢弗认为，依恋形成的标志需要符合以下三条原则：

(1)代表性，即能反映依恋这一行为表现不同于其他社会关系的本质规定性；

(2)稳定性，即在依恋一般应出现的时期内能保持相对稳定的存在；

(3)普遍性，即不因个体间的差异而影响该依恋现象的普遍存在。

实战演练

1. 简述学前儿童社会性发展的意义。
2. 简述依恋的类型。
3. 简述影响依恋的因素。
4. 简述同伴关系的类型。
5. 简述学前儿童同伴关系的功能。
6. 简述影响幼儿同伴关系发展的因素。
7. 简述帮助儿童建立良好同伴关系的策略。
8. 简述影响幼儿性别角色行为的因素。
9. 简述幼儿期亲社会性行为的发展特点。
10. 简述儿童分享行为的发展特点。
11. 简述幼儿期攻击行为的特点。
12. 简述控制和减少儿童攻击性行为的方法。
13. 简述依恋发展的阶段。
14. 简述学前儿童性别行为发展的阶段和特点。
15. 简述影响儿童亲社会行为发展的因素。
16. 简述移情能力发展的特点。

第七章　学前儿童个性的发展

思维导图

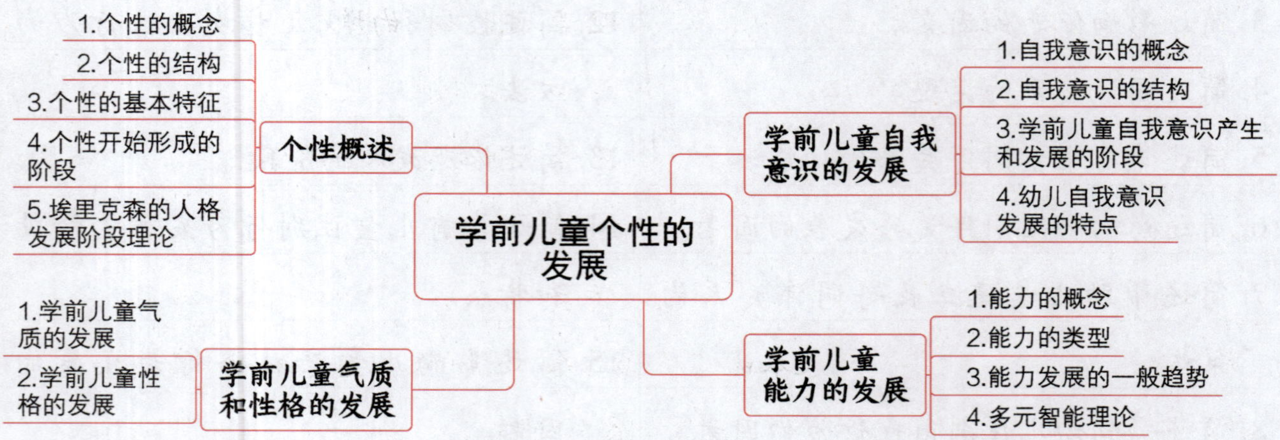

要点精讲

第一节　个性概述

一、个性的概念

个性是指一个人比较**稳定的**、具有一定倾向性的各种心理特点或品质的独特组合。

二、个性的结构

结构：
- 个性的调控系统
  - 个性的调节系统（以自我意识为核心）
  - 个性倾向性（以人的需要为基础的动机系统，主要是需要、动机和兴趣）
- 个性心理特征（气质、能力、性格）

三、个性的基本特征

（1）独特性；（2）整体性；（3）稳定性；（4）社会性；（5）积极能动性。

个性具有稳定性的特点。个人偶然的行为不能代表他真正的个性，只有比较稳定的、在行为中经常表现出来的心理倾向和心理特征才能代表一个人的个性。

四、个性开始形成的阶段

阶段：
- 2岁前，个性不可能发生
- 2岁左右，个性逐步萌芽
- 3~6岁幼儿的个性开始形成（主要标志）
  - 心理活动整体性的形成
  - 心理活动稳定性的增长
  - 心理活动独特性的发展
  - 心理活动积极能动性的发展

五、埃里克森的人格发展阶段理论

阶段	年龄	冲突	获得的人格
第一阶段	0~1岁	基本的信任感对基本的不信任感	信任感
第二阶段	1~3岁	自主感对羞耻感	自主性
第三阶段	3~6岁	主动感对内疚感	主动性
第四阶段	6~11岁	勤奋感对自卑感	勤奋感
第五阶段	12~18岁	自我同一性对角色混乱	自我同一性

备注：这里只具体列出前五个阶段。其他三个阶段分别为：亲密感对孤独感（成年早期）、繁殖感对停滞感（成年中期）、自我整合对绝望感（成年晚期）不再赘述。

第二节　学前儿童气质和性格的发展

一、学前儿童气质的发展

知识1　气质的概念和特性

1. 气质的概念

气质是不以活动目的和内容为转移的典型的、稳定的心理活动的动力特征。

2. 气质的特性

- 天赋性（出生就有）
- 遗传性
- 稳定性

指导：气质的特性常以单项选择的形式考查。

知识 2 气质的类型及其行为特征

1. 传统的体液说

气质类型	特征	代表人物
胆汁质	精力旺盛、表里如一、刚强、易感情用事，整个心理活动笼罩着迅速而突发的色彩	张飞、李逵
多血质	反应迅速、有朝气、活泼好动、动作敏捷、情绪不稳定	王熙凤
黏液质	稳重，但灵活性不足；踏实，但有些死板；沉着冷静，但缺乏生气	沙僧、林冲
抑郁质	敏锐、稳重、体验深刻、外表温柔、怯懦、孤独、行动缓慢	林黛玉

2. 巴甫洛夫高级神经活动类型论

高级神经活动类型	高级神经活动过程	气质类型
不可遏制型	强、不平衡	胆汁质
活泼型	强、平衡、灵活	多血质
安静型	强、平衡、不灵活	黏液质
弱型	弱	抑郁质

3. 托马斯—切斯的三类型说（婴儿的气质类型）

气质类型	特征
容易型	占 40%；情绪稳定，活泼、爱玩、愉快，睡眠和饮食都有规律，容易适应新的环境，容易接近陌生人，容易接受新事物
迟缓型	占 15%；平时不够活泼，有时大惊小怪，表现为安静和退缩，对新环境和新事物适应缓慢

续表

气质类型	特征
困难型	占10%；经常大惊小怪，生理活动没有规律，害怕生人，对新环境表现出强烈的退缩和激动，反应迟缓。心情不愉快，与成人关系不密切，并且缺乏教育

知识3 学前儿童气质发展的特点

特点
- 具有相对稳定性（气质是最早出现的，也是变化最缓慢的）
- 类型有一定变化
  - 气质不是一成不变的
  - 生活环境可以改变幼儿的气质
- 气质无所谓好坏但它影响父母的教养方式
- 具有个体差异（婴儿出生后即表现出气质的个体差异）

知识4 学前儿童气质的培养

培养
- 要了解学前儿童的气质特征
- 不要轻易对学前儿童的气质类型下结论
- 要善于理解不同气质类型儿童的不足之处
- 针对学前儿童气质的特点，采取适宜的教育措施

气质本身没有好坏之分，每一种气质既有优点，又有缺点。

教育的目的不是设法改变儿童原有的气质，而是要克服缺点，发展优点，使儿童在原有气质的基础上建立优良的个性特征。

对于胆汁质的孩子，要培养勇于进取、豪放的品质，防止任性、粗暴。

对于多血质的孩子，要培养热情开朗的性格及稳定的兴趣，防止粗枝大叶、虎头蛇尾。

对于黏液质的孩子，要培养积极探索精神及踏实、认真的优点，防止墨守成规、谨小慎微。

对于抑郁质的孩子，要培养机智、敏锐和自信心，防止疑虑、孤独。

二、学前儿童性格的发展

知识 1 性格的概念

性格是人对现实的态度和行为方式中比较稳定的心理特征的总和。

知识 2 性格的特点

特点：
- 对现实稳定的态度
- 惯常的行为方式

知识 3 性格的结构

结构：
- 性格的态度特征
  - 对社会、集体和他人的态度
  - 对工作和学习的态度
  - 对自己的态度
- 性格的意志特征
  - 对行为目的的明确程度
  - 对行为的自觉控制水平
  - 在长期工作中表现出来的特征
  - 在紧急或困难情况下表现出来的特征
- 性格的情绪特征
  - 情绪的强度
  - 情绪的稳定性
  - 情绪的持久性
  - 主动心境
- 性格的理智特征
  - 感知
  - 想象
  - 记忆
  - 思维

知识 4 幼儿性格的年龄特点

特点：
- 活泼好动
- 好奇好问
- 喜欢交往

特点：
- 活泼好动
- 好奇好问
- 喜欢交往
- 独立性不断发展
- 易受暗示，模仿性强
- 坚持性随年龄增长不断提高
- 易冲动，自制力差，同时自制力不断发展

第三节　学前儿童能力的发展

一、能力的概念

能力是指人们成功地完成某种活动所必需的个性心理特征。

二、能力的类型

类型：
- 一般能力（以思维能力为核心）和特殊能力
- 模仿能力和创造能力
- 认识能力、操作能力和社交能力

三、能力发展的一般趋势

一般趋势：
- 智力发展迅速
- 特殊能力有所表现
- 模仿能力发展较快
- 创造能力发展缓慢
- 认识能力发展，并出现有意性
- 操作能力发展最早
- 社交能力逐渐显现
- 身体运动能力不断发展
- 语言能力在儿童期发展迅速

四、多元智能理论

知识1 多元智能理论的本质

加德纳的智力理论提出，人是具有多种能力的个体，人的多种智力都与具体的认知领域或知识范畴紧密相关且独立存在。

知识2 多元智能的结构

结构
- ①言语—语言智力（听、说、读、写）
- ②音乐—节奏智力（感受、辨别、记忆、改变和表达音乐）
- ③逻辑—数理智力（运算和推理）
- ④视觉—空间智力（感受、辨别、记忆、改变物体的空间关系并借此表达思想和情感）
- ⑤身体—动觉智力（运用四肢和躯干）
- ⑥自知—自省智力（认识、洞察和反省自身）
- ⑦交往—交流智力（与人相处和交往）
- ⑧自然观察智力（对自然现象敏感，喜欢探索大自然，善于对自然现象观察、分类和鉴别，乐于种植、饲养等）

知识3 多元智能理论的基本观点

基本观点
- 每位个体同时拥有相对独立的八种智力
- 每位个体的智力都呈现出独特的表现方式
- 智力发展的核心是提高个体解决实际问题的能力
- 环境与教育会影响和制约个体智力的发展方向和程度
- 重视从多维度看待个体的智力问题

第四节 学前儿童自我意识的发展

一、自我意识的概念

自我也称自我意识，是对自己存在的察觉，即自己认识自己的一切，包括认识自己的生理状况、心理特征以及自己与他人的关系。

二、自我意识的结构

结构
- 自我认识（自我意识的主要成分，也是自我调节控制的心理基础）
- 自我体验（自尊心、自信心是自我体验的主体内容）
- 自我调节（自我意识的意志成分）

三、学前儿童自我意识产生和发展的阶段

发展阶段
- ①自我感觉的发展（1岁前）
- ②自我认识的发展（1～2岁）（婴儿出生的第二年，客体的自我开始出现）
- ③自我意识的萌芽（2～3岁）（和儿童言语的发展相联系，2～3岁的儿童掌握代名词“我”，是自我意识萌芽的最重要标志）
- ④自我意识各方面的发展（3岁以后）

四、幼儿自我意识发展的特点

	自我评价	自我体验	自我控制能力
特点	①从依从性的评价发展到对自己独立性的评价； ②从对个别方面的评价发展到对多方面的评价； ③先有对自己外部行为的评价，逐渐出现对内心品质的评价； ④从主观情绪性的评价到初步客观的评价； ⑤从只有评价没有依据发展到有依据的评价	①从低级到高级发展，从生理性体验向社会性体验发展。 ②幼儿的愉快和愤怒是生理需要的表现，发展较早；委屈、自尊、羞愧是社会性体验的表现，发生较晚。 ③表现出易变性、暗示性	①从主要受他人控制发展到自己控制； ②从不会自我控制发展到使用控制策略； ③幼儿自我控制的发展受父母控制特征的影响
点拨	自我评价是自我意识的核心，自我评价能力的发展是自我意识发展的重要标志	——	3～4岁的幼儿坚持性和自制力都很差，到了5～6岁，幼儿才有一定的坚持性和自制力

实战演练

1. 简述个性的基本特征。
2. 简述埃里克森的人格发展阶段理论。
3. 简述学前儿童气质发展的特点。
4. 简述幼儿性格的年龄特点。
5. 简述能力发展的一般趋势。
6. 简述多元智能的结构。
7. 简述多元智能理论的基本观点。
8. 简述自我意识的结构。
9. 简述学前儿童自我评价发展的特点。

第三部分　幼儿教育心理学

第一章　绪论

思维导图

- 绪论
  - 幼儿教育心理学概述
    - 1.幼儿教育心理学的学科性质
    - 2.幼儿教育心理学的任务
    - 3.幼儿教育心理学的研究内容
  - 幼儿教育心理学的发展历程
    - 1.萌芽期
    - 2.初创期
    - 3.发展期

要点精讲

第一节　幼儿教育心理学概述

西方第一本以“教育心理学”命名的专著是1903年美国心理学家桑代克出版的《教育心理学》。这一著作标志着教育心理学作为独立的学科而产生，奠定了教育心理学发展的基础。

一、幼儿教育心理学的学科性质

- 独特性的表现
  - 幼儿学习的特殊性
    - 幼儿学习不同于动物学习
    - 幼儿学习不同于但可类比于原始人学习
    - 幼儿学习不同于小学生学习
  - 幼儿教学的特殊性
    - 幼儿教学表现出非正规性
    - 幼儿教学目标重在幼儿发展
    - 教学特殊性的表现
      - 以过程为模式，幼儿的教材范围更广
      - 幼儿的学习即活动
      - 建立良好的人际关系在幼儿教学中很重要
      - 幼儿教学方案有特殊性

二、幼儿教育心理学的任务

任务
- 揭示幼儿学习特点与有效教学的规律
- 形成有中国特色的幼儿教育心理学理论
- 科学指导幼儿园教师的教学实践

三、幼儿教育心理学的研究内容

研究内容
- 幼儿学习者
- 幼儿教育者
- 环境与教学

第二节　幼儿教育心理学的发展历程

发展历程	萌芽期：18 世纪至 20 世纪四五十年代	初创期：20 世纪 60 年代至 80 年代	发展期：20 世纪 80 年代至今
代表人物	法国的卢梭、德国的福禄贝尔、意大利的蒙台梭利	贝雷特和英格曼、皮亚杰	——
思想理论	①卢梭关于婴幼儿心理发展与教育的论述可以看作是最早的幼儿教育心理学思想； ②福禄贝尔是最早研究幼儿游戏心理的先驱者之一； ③蒙台梭利以幼儿的感知觉发展为基础，设计了一系列学具与教具，作为教学手段，对幼儿进行系统的教育，被后人称之为“蒙台梭利教学法”	①直接教学方案； ②认知主义教育方案； ③建构主义教育方案	①对早期教育价值的新认识。 ②对幼儿学习特点的新发现：什么样的学习者（主动）；学习的方式（游戏）；学习的条件（安全）；学习的环境（主动参与）；学习的个体差异

实战演练

1. 简述幼儿教学特殊性的表现。
2. 简述幼儿教育心理学的任务。
3. 简述幼儿教育心理学的研究内容。
4. 简述 18 世纪至 20 世纪四五十年代幼儿教育心理学的主要思想。

第二章 幼儿学习理论

思维导图

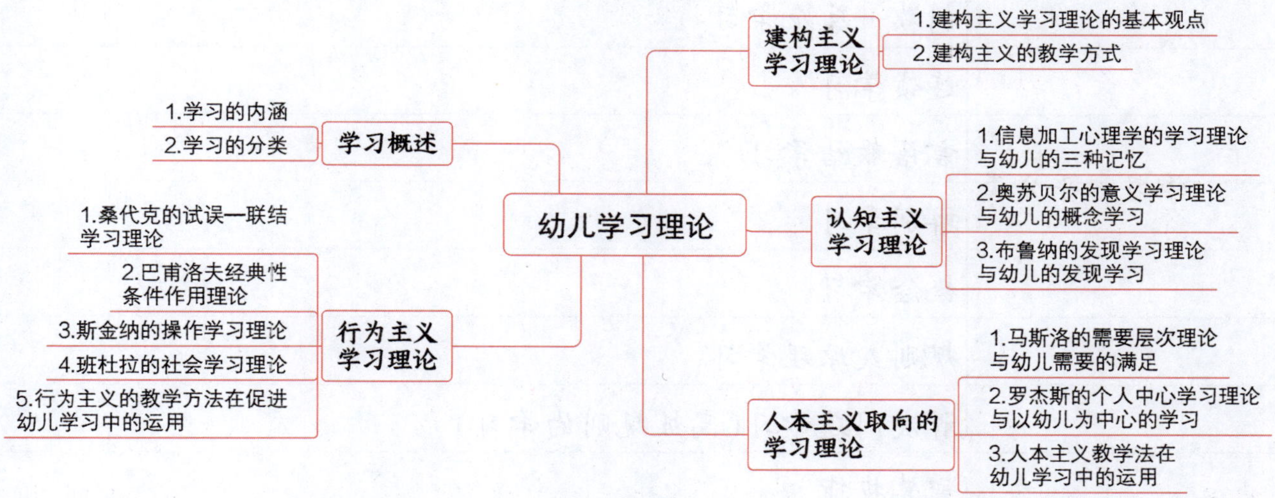

要点精讲

第一节 学习概述

一、学习的内涵

知识1 学习的概念

学习是个体在特定情境下由于练习或反复经验而产生的行为或行为潜能的相对持久的变化。

知识2 学习的内涵

(1)学习实质上是一种适应活动；

(2)学习是人和动物共有的普遍现象；

(3)学习是由反复经验引起的；

(4)学习是有机体后天习得经验的过程；

(5)学习的过程可以是有意的，也可以是无意的；

(6)学习引起的是相对持久的行为或行为潜能的变化。

二、学习的分类

知识 1 加涅关于学习的划分

- 学习水平分类
  - 信号学习
  - 刺激—反应学习
  - 连锁学习
  - 言语联结学习
  - 辨别学习
  - 概念学习
  - 规则或原理学习
  - 解决问题学习（高级规则的学习）
- 学习结果分类
  - 智慧技能
  - 认知策略
  - 言语信息
  - 动作技能
  - 态度

知识 2 奥苏贝尔关于学习的划分

- 按学习的形式与性质
  - 接受学习和发现学习
  - 机械学习和有意义学习

知识 3 其他关于学习的划分

- 学习的划分
  - 按学习主体
    - 动物学习
    - 人类学习
    - 机器学习
  - 按学习时的意识水平
    - 内隐学习
    - 外显学习
  - 按学习内容
    - 知识的学习
    - 技能的学习
    - 行为规范的学习

第二节 行为主义学习理论

一、桑代克的试误—联结学习理论

桑代克认为学习是情境与反应之间的联结。学习的实质是经过试误在刺激与反应之间形成联结，即形成S-R之间的联结。

学习遵循三条重要的学习原则：
- ①准备律（学习者在学习开始时的预备定势）
- ②练习律
- ③效果律

二、巴甫洛夫经典性条件作用理论

经典性条件反射的基本规律：
- 获得与消退
- 刺激泛化与分化
- 经典条件反射与幼儿教育

评价经典性条件作用论：
- ①有效地解释有机体是如何学会在两个刺激之间进行联系从而使一个刺激取代另一个刺激并与条件反应建立起联结的
- ②无法解释有机体为了得到某种结果而主动做出某种随意反应的学习现象

三、斯金纳的操作学习理论

知识1 操作性条件作用

斯金纳是新行为主义心理学的创始人之一，操作性条件反射理论的奠基者。

斯金纳将行为分为应答性行为和操作性行为。应答性行为是由已知刺激引起的，对应的是应答性条件作用。操作性行为是有机体在一定情境中自然产生并由于结果的强化而固定下来的，对应的是操作性条件作用。

原型启发是指从其他事物上发现解决问题的途径和方法。

知识2 强化原理

斯金纳将凡是能增强反应频率的刺激或事件叫作强化物。

正强化是通过呈现想要的愉快刺激来增强反应频率；

负强化是通过消除或终止厌恶、不愉快的刺激来增强反应概率；

惩罚是指能够减弱行为或者降低反应频率的刺激或事件。

知识3 强化原理在幼儿学习中的应用

塑造是指通过安排特定的强化关系，使幼儿做出他们原先行为模式中不曾有过的复杂动作。

渐退是指通过有差别的强化，缓慢地减少两种（或两种以上）刺激的特征，使幼儿最终能对两种只有很小差异的刺激做出有辨别的反应。

四、班杜拉的社会学习理论

知识1 学习的实质——观察学习

观察学习是幼儿通过观察、模仿榜样而习得某种行为的学习活动，但它不是简单、刻板地模仿榜样行为。

观察者对所看到的榜样行为的具体特征进行了编码，而不是简单、机械地模仿。

知识2 观察学习的过程

班杜拉把观察学习的过程分为注意、保持、复现和动机四个子过程。

（1）在注意过程中，观察者注意并知觉榜样情境的各个方面。

（2）在保持过程中，观察者记住从榜样情境中了解的行为，以表象和语言的形式将它们在记忆中进行表征、编码以及存储。

（3）在复现过程中，观察者将头脑中有关榜样情境的表象和符号概念转为外显的行为。

（4）在动机过程中，观察者因表现出所观察到的行为而受到激励。

知识3 对强化的重新解释

（1）直接强化。直接强化是指观察者因表现出观察行为而受到强化。

（2）替代强化。替代强化是指观察者因看到榜样的行为被强化而受到强化。

（3）自我强化。自我强化是指对自己表现出的符合或超出标准的行为进行自我奖励。

五、行为主义的教学方法在促进幼儿学习中的运用

知识 1 程序教学

程序教学是指将学习材料重新组织成短小的框架内容，由易到难安排好幼儿学习的进程。

幼儿程序教学应遵循的原则：
- 小步递进
- 积极反应
- 及时强化
- 自定步调

知识 2 计算机辅助教学

计算机辅助教学是指利用电脑多媒体展示程序教学内容。

知识 3 代币强化

代币是一种象征性强化物。当幼儿做出教师所期待的积极行为后，就发给数量相当的代币作为强化物。幼儿可以用一定数量的代币兑换他喜欢的奖励物或活动。

第三节 人本主义取向的学习理论

人本主义心理学兴起于20世纪50年代，被称为继行为主义心理学与精神分析心理学之后现代心理学的“第三势力”。

一、马斯洛的需要层次理论与幼儿需要的满足

需要层次理论：
- ①生理的需要：指维持生存的需求，如饥饿、口渴、求食、睡眠等
- ②安全的需要：指获得安全感，避免威胁的需求
- ③归属与爱的需要：寻求温暖和友好的关系，包括被他人接纳、爱护、关注、欣赏、支持等
- ④尊重的需要：包括受人尊重与自我尊重两方面，如信心、名誉和声望等
- ⑤求知需要：是指个人对自身和周围世界的探索、理解及解决疑难问题的需要
- ⑥审美需要：是指对对称、秩序、完整结构以及对行为完美的需要
- ⑦自我实现的需要：指精神层面提高人生境界的需求

二、罗杰斯的个人中心学习理论与以幼儿为中心的学习

主要观点：
- 人类生来就有学习的潜能
- 在安全氛围中的学习效果最好
- 涉及学习者个体因素（包括情感与理智）的学习最持久、深刻
- 意义学习大多数是做中学
- 幼儿的意义学习包括四个要素：
  - 学习具有个人参与性
  - 学习应成为自我发起的行为
  - 学习是全方位的
  - 学习应以幼儿的自我评价为主

三、人本主义教学法在幼儿学习中的运用

成就：
- ①教师效能感训练：鼓励教师运用诸如积极倾听与解决冲突等技术，建立开放、真诚的课堂沟通情境
- ②吸引学业成功
- ③价值澄清，也称价值观辨析
- ④非指导性教学

第四节 认知主义学习理论

理论流派	信息加工学习论	认知结构学习论
代表人物	加涅、斯腾伯格	奥苏贝尔的意义学习论、布鲁纳的发现学习论
理论	更关注个体对事物经由认识、辨别、理解而获得新知识的认知历程	个体学到的是思维方式，即认知主义心理学者所谓的认知结构

一、信息加工心理学的学习理论与幼儿的三种记忆

知识1 信息加工心理学的学习理论

学习理论：
- 加工水平理论
- 双重编码理论（情景记忆和语义记忆）
- 联结主义模型

知识 2 信息加工心理学提出的幼儿的三种记忆

情景记忆	有关个体经历的记忆，是个体对看到、听到或经历事情的心理再现
语义记忆	也称为陈述性记忆，主要包括已知事实和概括性的信息，包括概念、原理及其如何应用的一些规则，问题解决技能和学习策略等
程序记忆	有关事情进行过程的记忆能力，这在身体活动任务中表现得最为明显

二、奥苏贝尔的意义学习理论与幼儿的概念学习

奥苏贝尔提出了“后括学习”。在“后括学习”过程中，幼儿先学习一些处于下位关系的概念，当熟悉了这些下位概念之后，就容易形成对上位概念的理解。

奥苏贝尔认为意义学习就是新知识与学习者原有的认知结构之间建立非随意性和非临时性的联系，这也是区分意义学习与机械学习的主要标准。

三、布鲁纳的发现学习理论与幼儿的发现学习

布鲁纳主张发现学习。发现学习是指给学生提供有关的学习材料，让学生通过探索、操作和思考，自行发现知识、理解概念和原理的教学方法。

发现学习的特点：
- 强调幼儿的探索学习过程
- 强调直觉思维在发现学习中的价值
- 强调学习的内在动机

第五节 建构主义学习理论

一、建构主义学习理论的基本观点

知识 1 知识观

知识观：
- ①知识是人们对客观世界的一种解释或假设
- ②知识是由认知主体主动建构生成的
- ③所有的知识都是在个体与经验世界的对话中建构起来的

建构主义认为生成建构性是知识的本质特征。

知识 2 幼儿观

建构主义学习理论认为，幼儿不是消极、被动、有待教师填充知识的客体，不是装知识的容器，而是有主观能动性的学习者。

幼儿的主体性表现在：
- 幼儿在学习中不是一块“白板”
- 幼儿是主动的建构者

知识 3 学习观

学习观：
- ①把幼儿看作是知识经验的主动建构者
- ②把幼儿看作是在不断进化的经验世界中主动活动的主体
- ③学习是通过新、旧知识经验之间的交互作用而不断生成新理解的过程

二、建构主义的教学方式

教学方式：
- 随机通达教学
- 抛锚式教学
- 支架式教学（来源于维果斯基的“最近发展区”理论）

实战演练

1. 简述加涅关于学习的划分。
2. 简述班杜拉的社会学习理论。
3. 简述幼儿程序教学应遵循的原则。
4. 简述马斯洛的需要层次理论。
5. 简述布鲁纳的发现学习的特点。
6. 简述建构主义学习理论的知识观。

第三章　幼儿学习心理

思维导图

- 幼儿学习心理
  - 幼儿学习动机
    - 1.幼儿学习动机概述
    - 2.动机理论与幼儿的学习
    - 3.幼儿学习动机的主要特征
    - 4.培养幼儿学习动机的有效方法
  - 幼儿学习迁移
    - 1.学习迁移概述
    - 2.迁移理论与幼儿的学习
    - 3.幼儿学习迁移的促进
  - 幼儿创造性
    - 1.幼儿创造性概述
    - 2.影响幼儿创造性的因素
    - 3.幼儿创造性的教育培养
  - 幼儿的各方面学习
    - 1.幼儿学习的主要方式
    - 2.幼儿学习的主要特点

要点精讲

第一节　幼儿学习动机

一、幼儿学习动机概述

学习动机是指直接推动幼儿进行学习、维持学习，并使该学习活动趋向教师所设定目标的内在心理过程。

它是激励和指引幼儿进行学习活动的一种需要，对幼儿的学习有重要影响。

有学者提出，动机的强度适中，能激发幼儿的学习成效，动机过高易使幼儿产生焦虑，过低则难以激发幼儿学习的欲望。

知识1　幼儿学习动机的分类

- 幼儿学习动机的分类
  - 根据学习动机的范围
    - 普遍型学习动机
    - 偏重型学习动机
  - 按学习动机产生的诱因来源
    - 内部学习动机
    - 外部学习动机
  - 根据学校情境中的学业成就动机的不同
    - 认知内驱力（属于内部学习动机）
    - 自我提高内驱力（属于外部学习动机）
    - 附属内驱力（属于外部学习动机）

知识 2 幼儿学习动机的内容

幼儿学习动机的内容：
- 好奇（最主要）
- 兴趣（最活跃的因素）
- 诱因

二、动机理论与幼儿的学习

动机理论：
- 行为主义的强化理论
  - 只重外部控制难以有效激发、培养幼儿的求知欲
  - 将手段目的化不利于幼儿良好人格的形成
- 人本主义的需要理论——将学习动机视为个体成长、发展的内在原动力
- 认知主义的归因理论
  - ①学习动机是个体在外界环境影响下所产生的认知需求
  - ②归因理论在认知主义的动机理论中最为突出，韦纳是归因理论的集大成者

补充：

韦纳成败归因理论中的六因素与三维度

维度 / 因素	稳定性：稳定	稳定性：不稳定	因素来源（控制点）：内在	因素来源（控制点）：外在	可控性：可控性	可控性：不可控性
能力	√		√			√
努力程度		√	√		√	
工作难度	√			√		√
运气		√		√		√
身心状况		√	√			√
外界环境		√		√		√

三、幼儿学习动机的主要特征

主要特征：
- 内在动机以好奇与兴趣为主
- 外在动机逐渐增长
- 形成较稳定的学习成败归因

四、培养幼儿学习动机的有效方法

方法：
- 设置问题情境，激发幼儿的认知兴趣与求知欲
- 重视幼儿学习活动中的游戏动机
- 为幼儿学习创设安全、开放、温馨的氛围
- 让幼儿体验学习的成功与快乐
- 运用适宜反馈激发幼儿的学习动机

第二节　幼儿学习迁移

一、学习迁移概述

知识 1　学习迁移的含义

迁移是在一种情境中获得的技能、知识和理解或形成的态度对在另一种情境中获得的技能、知识和理解或形成的态度产生的影响。

知识 2　学习迁移的分类

1. 顺向迁移与逆向迁移（方向性）

顺向迁移是指先前学习对后继学习的影响；

逆向迁移是指后继学习对先前学习的影响。

2. 正迁移与负迁移

正迁移是一种学习对另一种学习积极、正向的影响；

负迁移是指一种学习对另一种学习的消极影响，或是两种学习之间的相互干扰、阻碍。

3. 横向迁移和竖向迁移

横向迁移是指幼儿把已学到的知识经验推广到其他内容和难度相类似的情景中。

竖向迁移是指不同内容、不同任务难度的两种学习之间的相互影响与迁移。它又可分为两种：

(1)自下而上的迁移，是指已有较容易的学习对难度较高学习的影响，即逐渐深入的学习；

(2)自上而下的迁移，指较高层次学习原则的掌握对较低层次学习的影响，即先掌握概念，再运用它去学习较低层次的具体应用。

4. 低路迁移和高路迁移

低路迁移的发生是自然的、自动化的。它是指一个非常熟练的技能从一种迁移情境迁移至另一种情境时，通常不需要思维或者只需要很少的思维。

高路迁移需要个体有意识地将某种情境中学到的抽象知识应用于另一种情境。

5. 一般迁移和具体迁移(发生的方式)

一般迁移是指某一领域的学习直接影响另一种领域的学习。

具体迁移是指学习迁移发生时，学习者原有经验的组成要素及其结构没有变化，只是将一种学习中习得的经验要素重新组合并移用到另一种学习中。

二、迁移理论与幼儿的学习

知识1 早期的迁移理论

早期的迁移理论
- ①形式训练说——最早的关于迁移的理论；官能心理学是理论基础
- ②相同要素说——迁移是非常具体的、有条件的，需要有共同的要素
- ③概化理论——依据“水中击靶”实验的结果提出的
- ④认知迁移理论——领会是学习迁移的必要条件

知识2 20世纪80年代后的迁移理论

20世纪80年代后的迁移理论
- ①图式理论——主要建立在问题解决迁移研究的基础上，强调图式获得和规则自动化对迁移的影响
- ②共同要素理论——桑代克相同要素说的现代版本；以产生式规则取代相同要素说

20世纪80年代后的迁移理论
- ③元认知理论——表现为结果预期、自我指导、自我评价、自我调整等行为
- ④认知灵活性理论——学习是学习者主动建构内部心理表征的过程

三、幼儿学习迁移的促进

促进方法
- 关注情感因素对幼儿学习迁移的影响
- 幼儿学习迁移离不开具体事物的支持
- 丰富幼儿的日常生活，使其在学习中发生迁移
- 提高幼儿的分析与概括能力

第三节　幼儿的各方面学习

一、幼儿学习的主要方式

学习的方式
- 观察模仿学习
- 操作学习
  - 幼儿探索世界的主要方式
  - 弥补语言理解和表达的不足
  - 提高幼儿运动技能最重要的方式
  - 使幼儿获得成就感与自我价值感
- 语言理解的学习（倾听、提问、对话等）

学习的方式
- 综合性的学习方式（语言、观察和操作学习的结合）
- 交往中的学习
  - 交往能满足幼儿的认识性动机
  - 交往能满足幼儿得到认可与支持的需要
  - 促进幼儿自我意识的生成
  - 交往能促进幼儿主动性与创造性的发展
- 游戏活动的学习

知识拓展

1. 操作学习的类型

- 操作学习的类型
  - 手把手的操作
  - 尝试错误的操作
  - 模仿示范的操作
  - 反复练习的操作

2. 动作技能的分类

- 动作技能的分类
  - 根据动作的精细度与肌肉运动强度不同
    - 细微型动作技能——穿针引线
    - 粗放型动作技能——打篮球
  - 根据动作的连贯与否
    - 连续型动作技能——骑自行车、舞蹈、唱歌、打字
    - 断续型动作技能——射箭、投篮等
  - 根据动作对环境的依赖程度
    - 闭合型动作技能——举重、吊环等
    - 开放型动作技能——打篮球、骑自行车等
  - 根据操作对象的不同
    - 徒手型动作技能——自由体操、太极拳等
    - 器械型动作技能——弹吉他、驾驶汽车等技能

二、幼儿学习的主要特点

- 主要特点
  - 幼儿学习的主动性容易被扼杀
  - 幼儿的学习积极性一般从兴趣出发
  - 学习的无意性与内隐性
  - 经验与体验作用的显著性
  - 语言指导下的直观形象性
  - 对环境的依赖性大
  - 个别差异性显著

知识拓展

- 幼儿学习的主动性表现
  - 好奇
  - 好问
  - 好探究
  - 好模仿

巧学妙记

模仿奇文(问)探究。

第四节 幼儿创造性

一、幼儿创造性概述

知识1 创造性的含义

创造性是指幼儿根据一定的目的或意愿，在已有知识经验的基础上，用新颖、独特的方法产生具有个人价值的产品的心理品质。

创造力：
- ①对问题的敏感度，即容易接受新事物，发现新问题的能力
- ②流畅性，即思维敏捷、反应迅速，对于特定的问题情境能顺利提出多种反应或答案
- ③灵活性，即具有较强的应变能力和适应性，具有灵活改变定势的能力，能自由联想
- ④独创性，即产生新的、不同寻常思想的能力，表现为产生新奇、罕见、首创的观念和成就

创造力：
- ⑤再确定性，即善于采用特定事物的多种使用方法和机制的能力
- ⑥洞察力，即能通过事物表面现象，认清其内在含义、特性或多样性的能力，进行意义变换的能力

知识2 幼儿创造性的表现

表现：
- 前提是了解和接触事物的心向
- 善于组织自己的材料
- 突出表现在想象力上
- 常常体现在游戏活动中

二、影响幼儿创造性的因素

影响因素：
- 过于重视幼儿模仿，使其不能创造性地自由学习
- 限定幼儿的思路，使其不能创造性地自由思维
- 过分苛求秩序，使其不能创造性地自由探索

三、幼儿创造性的教育培养

培养措施：
- 创设情境，激发求知欲
- 营造宽松的活动环境
- 有意识支持并促进幼儿的创造性思维
  - 展开联想，培养发散思维的流畅性
  - 克服思维定势，培养发散思维的变通性
  - 肯定幼儿超常思维，培养发散思维的独特性
- 培养幼儿的好奇心与想象力
- 蒙台梭利的感知训练培养幼儿的创造力

实战演练

1. 简述幼儿学习动机的分类。
2. 简述幼儿学习动机的主要特征。
3. 简述培养幼儿学习动机的有效方法。
4. 简述幼儿创造性的表现。
5. 简述影响幼儿创造性的因素。
6. 简述幼儿创造性的教育培养策略。

第四章　幼儿学习的个别差异与适宜性教学

思维导图

- 幼儿学习的个别差异与适宜性教学
  - 幼儿个别差异概述
    - 1.幼儿个别差异的概念
    - 2.幼儿个别差异的类型
  - 针对个别差异的适宜性教学
    - 1.适宜性教学
    - 2.适宜性教学法的主要方式

要点精讲

第一节　幼儿个别差异概述

一、幼儿个别差异的概念

个别差异一般是指个性差异，即个体之间在稳定的心理特点上的差异，包括性格、能力、兴趣等方面的差异。

在这里，个别差异指幼儿在幼儿园学习与教学情景下，在智力、性格、性别、认知方式等方面的差别。

个别差异研究旨在提高幼儿学习的动机水平，最大程度地激发幼儿已有的能力，促进幼儿的学习。

二、幼儿个别差异的类型

- 类型
  - 幼儿智力差异（最早的智力测验量表是比纳—西蒙量表）
  - 幼儿性格差异
    - 性格特征差异
      - 态度特征
      - 意志特征
      - 情绪特征
      - 理智特征
    - 性格类型差异
      - 外向型与内向型
      - 独立型与顺从型

类型{幼儿性别差异
幼儿学习类型差异

第二节　针对个别差异的适宜性教学

一、适宜性教学

适宜性教学认为幼儿教学包括两方面的适宜：年龄适宜与个别（个体）差异适宜。

二、适宜性教学法的主要方式

主要方式{
资源利用模式（人尽其才）
补偿模式
治疗模式（针对性教育）
性向与教学处理交互作用模式
个别化教育方案

补充：

个别化教学的策略{
调整幼儿的学习速度
提供多样性教材
调整教师的角色

实战演练

1. 简述幼儿个别差异的类型。
2. 简述适宜性教学法的主要方式。
3. 简述个别化教学的策略。

第四部分　幼儿教育法规与教师职业道德

第一章　幼儿教育法规

思维导图

幼儿教育法规
- 《幼儿园管理条例》
- 《幼儿园工作规程》
- 《幼儿园教育指导纲要（试行）》
- 《儿童权利公约》解读
- 《幼儿园教师专业标准（试行）》
- 《3～6岁儿童学习与发展指南》

要点精讲

第一节　《幼儿园管理条例》

《幼儿园管理条例》（节选）

1989年8月20日经国务院批准，1989年9月11日中华人民共和国国家教育委员会令第4号发布，1990年2月1日起施行。

第一章　总则

第一条　为了加强幼儿园的管理，促进幼儿教育事业的发展，制定本条例。

第二条　本条例适用于招收三周岁以上学龄前幼儿，对其进行保育和教育的幼儿园。

第六条　幼儿园的管理实行地方负责、分级管理和各有关部门分工负责的原则。

国家教育委员会主管全国的幼儿园管理工作；地方各级人民政府的教育行政部门，主管本行政辖区内的幼儿园管理工作。

第二章　举办幼儿园的基本条件和审批程序

第十条　举办幼儿园的单位或者个人必须具有进行保育、教育以及维修或扩建、改建幼儿园的园舍与设施的经费来源。

第十一条　国家实行幼儿园登记注册制度，未经登记注册，任何单位和个人不得举办幼儿园。

第十二条　城市幼儿园的举办、停办，由所在区、不设区的市的人民政府教育行政部门登记注册。农村幼儿园的举办、停办，由所在乡、镇人民政府登记注册，并报县人民政府教育行政部门备案。

第三章　幼儿园的保育和教育工作

第十三条　幼儿园应当贯彻保育与教育相结合的原则，创设与幼儿的教育和发展相适应的和谐环境，引导幼儿个性的健康发展。幼儿园应当保障幼儿的身体健康，培养幼儿的良好生活、卫生习惯；促进幼儿的智力发展；培养幼儿热爱祖国的情感以及良好的品德行为。

第十四条　幼儿园的招生、编班应当符合教育行政部门的规定。

第十五条　幼儿园应当使用全国通用的普通话。招收少数民族为主的幼儿园，可以使用本民族通用的语言。

第十六条　幼儿园应当以游戏为基本活动形式。幼儿园可以根据本园的实际，安排和选择教育内容与方法，但不得进行违背幼儿教育规律，有损于幼儿身心健康的活动。

第十七条　严禁体罚和变相体罚幼儿。

第十八条　幼儿园应当建立卫生保健制度，防止发生食物中毒和传染病的流行。

第十九条　幼儿园应当建立安全防护制度，严禁在幼儿园内设置威胁幼儿安全的危险建筑物和设施，严禁使用有毒、有害物质制作教具、玩具。

第四章　幼儿园的行政事务

第二十三条　幼儿园园长负责幼儿园的工作。幼儿园园长由举办幼儿园的单位或个人聘任，并向幼儿园的登记注册机关备案。幼儿园的教师、医师、保健员、保育员和其他工作人员，由幼儿园园长聘任，也可由举办幼儿园的单位或个人聘任。

第二十四条　幼儿园可以依据本省、自治区、直辖市人民政府制定的收费标准，向幼儿家长收取保育费、教育费。幼儿园应当加强财务管理，合理使用各项经费，任何单位和个人不得克扣、挪用幼儿园经费。

第五章 奖励与处罚

第二十八条 违反本条例，具有下列情形之一的单位或者个人，由教育行政部门对直接责任人员给予警告、罚款的行政处罚，或者由教育行政部门建议有关部门对责任人员给予行政处分：

（一）体罚或变相体罚幼儿的；

（二）使用有毒、有害物质制作教具、玩具的；

（三）克扣、挪用幼儿园经费的；

（四）侵占、破坏幼儿园园舍、设备的；

（五）干扰幼儿园正常工作秩序的；

（六）在幼儿园周围设置有危险、有污染或者影响幼儿园采光的建设和设施的。前款所列情形，情节严重，构成犯罪的，由司法机关依法追究刑事责任。

第二节 《幼儿园工作规程》

《幼儿园工作规程》（节选）

《幼儿园工作规程》已于2015年12月14日第48次部长办公会议审议通过，现予公布，自2016年3月1日起施行。

第一章 总则

第一条 为了加强幼儿园的科学管理，规范办园行为，提高保育和教育质量，促进幼儿身心健康，依据《中华人民共和国教育法》等法律法规，制定本规程。

第二条 幼儿园是对3周岁以上学龄前幼儿实施保育和教育的机构。幼儿园教育是基础教育的重要组成部分，是学校教育制度的基础阶段。

第三条 幼儿园的任务是：贯彻国家的教育方针，按照保育与教育相结合的原则，遵循幼儿身心发展特点和规律，实施德、智、体、美等方面全面发展的教育，促进幼儿身心和谐发展。

幼儿园同时面向幼儿家长提供科学育儿指导。

第四条　幼儿园适龄幼儿一般为3周岁至6周岁。

幼儿园一般为三年制。

第五条　幼儿园保育和教育的主要目标是：

（一）促进幼儿身体正常发育和机能的协调发展，增强体质，促进心理健康，培养良好的生活习惯、卫生习惯和参加体育活动的兴趣。

（二）发展幼儿智力，培养正确运用感官和运用语言交往的基本能力，增进对环境的认识，培养有益的兴趣和求知欲望，培养初步的动手探究能力。

（三）萌发幼儿爱祖国、爱家乡、爱集体、爱劳动、爱科学的情感，培养诚实、自信、友爱、勇敢、勤学、好问、爱护公物、克服困难、讲礼貌、守纪律等良好的品德行为和习惯，以及活泼开朗的性格。

（四）培养幼儿初步感受美和表现美的情趣和能力。

第七条　幼儿园可分为全日制、半日制、定时制、季节制和寄宿制等。上述形式可分别设置，也可混合设置。

第二章　幼儿入园和编班

第八条　幼儿园每年秋季招生。平时如有缺额，可随时补招。

幼儿园对烈士子女、家中无人照顾的残疾人子女、孤儿、家庭经济困难幼儿、具有接受普通教育能力的残疾儿童等入园，按照国家和地方的有关规定予以照顾。

第十条　幼儿入园前，应当按照卫生部门制定的卫生保健制度进行健康检查，合格者方可入园。

幼儿入园除进行健康检查外，禁止任何形式的考试或测查。

第十一条　幼儿园规模应当有利于幼儿身心健康，便于管理，一般不超过360人。

幼儿园每班幼儿人数一般为：小班（3周岁至4周岁）25人，中班（4周岁至5周岁）30人，大班（5周岁至6周岁）35人，混合班30人。寄宿制幼儿园每班幼儿人数酌减。

幼儿园可以按年龄分别编班，也可以混合编班。

第三章 幼儿园的安全

第十二条 幼儿园应当严格执行国家和地方幼儿园安全管理的相关规定，建立健全门卫、房屋、设备、消防、交通、食品、药物、幼儿接送交接、活动组织和幼儿就寝值守等安全防护和检查制度，建立安全责任制和应急预案。

第十三条 幼儿园的园舍应当符合国家和地方的建设标准，以及相关安全、卫生等方面的规范，定期检查维护，保障安全。幼儿园不得设置在污染区和危险区，不得使用危房。

幼儿园的设备设施、装修装饰材料、用品用具和玩教具材料等，应当符合国家相关的安全质量标准和环保要求。

入园幼儿应当由监护人或者其委托的成年人接送。

第十四条 幼儿园应当严格执行国家有关食品药品安全的法律法规，保障饮食饮水卫生安全。

第十五条 幼儿园教职工必须具有安全意识，掌握基本急救常识和防范、避险、逃生、自救的基本方法，在紧急情况下应当优先保护幼儿的人身安全。

幼儿园应当把安全教育融入一日生活，并定期组织开展多种形式的安全教育和事故预防演练。

幼儿园应当结合幼儿年龄特点和接受能力开展反家庭暴力教育，发现幼儿遭受或者疑似遭受家庭暴力的，应当依法及时向公安机关报案。

第四章 幼儿园的卫生保健

第十八条 幼儿园应当制定合理的幼儿一日生活作息制度。正餐间隔时间为3.5～4小时。在正常情况下，幼儿户外活动时间（包括户外体育活动时间）每天不得少于2小时，寄宿制幼儿园不得少于3小时；高寒、高温地区可酌情增减。

第十九条 幼儿园应当建立幼儿健康检查制度和幼儿健康卡或档案。每年体检一次，每半年测身高、视力一次，每季度量体重一次；注意幼儿口腔卫生，保护幼儿视力。

幼儿园对幼儿健康发展状况定期进行分析、评价，及时向家长反馈结果。

幼儿园应当关注幼儿心理健康，注重满足幼儿的发展需要，保持幼儿积极的情绪状态，让幼儿感受到尊重和接纳。

第二十条　幼儿园应当建立卫生消毒、晨检、午检制度和病儿隔离制度，配合卫生部门做好计划免疫工作。

幼儿园应当建立传染病预防和管理制度，制定突发传染病应急预案，认真做好疾病防控工作。

幼儿园应当建立患病幼儿用药的委托交接制度，未经监护人委托或者同意，幼儿园不得给幼儿用药。幼儿园应当妥善管理药品，保证幼儿用药安全。

幼儿园内禁止吸烟、饮酒。

第二十一条　供给膳食的幼儿园应当为幼儿提供安全卫生的食品，编制营养平衡的幼儿食谱，定期计算和分析幼儿的进食量和营养素摄取量，保证幼儿合理膳食。

幼儿园应当每周向家长公示幼儿食谱，并按照相关规定进行食品留样。

第二十二条　幼儿园应当配备必要的设备设施，及时为幼儿提供安全卫生的饮用水。

幼儿园应当培养幼儿良好的大小便习惯，不得限制幼儿便溺的次数、时间等。

第二十三条　幼儿园应当积极开展适合幼儿的体育活动，充分利用日光、空气、水等自然因素以及本地自然环境，有计划地锻炼幼儿肌体，增强身体的适应和抵抗能力。正常情况下，每日户外体育活动不得少于1小时。

幼儿园在开展体育活动时，应当对体弱或有残疾的幼儿予以特殊照顾。

第五章　幼儿园的教育

第二十五条　幼儿园教育应当贯彻以下原则和要求：

（一）德、智、体、美等方面的教育应当互相渗透，有机结合。

（二）遵循幼儿身心发展规律，符合幼儿年龄特点，注重个体差异，因人施教，引导幼儿个性健康发展。

（三）面向全体幼儿，热爱幼儿，坚持积极鼓励、启发引导的正面教育。

（四）综合组织健康、语言、社会、科学、艺术各领域的教育内容，渗透于幼儿一日生活的各项活动中，充分发挥各种教育手段的交互作用。

（五）以游戏为基本活动，寓教育于各项活动之中。

（六）创设与教育相适应的良好环境，为幼儿提供活动和表现能力的机会与条件。

第二十六条　幼儿一日活动的组织应当动静交替，注重幼儿的直接感知、实际操作和亲身体验，保证幼儿愉快的、有益的自由活动。

第二十七条　幼儿园日常生活组织，应当从实际出发，建立必要、合理的常规，坚持一贯性和灵活性相结合，培养幼儿的良好习惯和初步的生活自理能力。

第二十九条　幼儿园应当将游戏作为对幼儿进行全面发展教育的重要形式。

幼儿园应当因地制宜创设游戏条件，提供丰富、适宜的游戏材料，保证充足的游戏时间，开展多种游戏。

幼儿园应当根据幼儿的年龄特点指导游戏，鼓励和支持幼儿根据自身兴趣、需要和经验水平，自主选择游戏内容、游戏材料和伙伴，使幼儿在游戏过程中获得积极的情绪情感，促进幼儿能力和个性的全面发展。

第三十一条　幼儿园的品德教育应当以情感教育和培养良好行为习惯为主，注重潜移默化的影响，并贯穿于幼儿生活以及各项活动之中。

第三十二条　幼儿园应当充分尊重幼儿的个体差异，根据幼儿不同的心理发展水平，研究有效的活动形式和方法，注重培养幼儿良好的个性心理品质。

幼儿园应当为在园残疾儿童提供更多的帮助和指导。

第三十三条　幼儿园和小学应当密切联系，互相配合，注意两个阶段教育的相互衔接。

幼儿园不得提前教授小学教育内容，不得开展任何违背幼儿身心发展规律的活动。

第六章　幼儿园的园舍、设备

第三十四条　幼儿园应当按照国家的相关规定设活动室、寝室、卫生间、保健室、综合活动室、厨房和办公用房等，并达到相应的建设标准。有条件的幼儿园应当优先扩大幼儿游戏和活动空间。

寄宿制幼儿园应当增设隔离室、浴室和教职工值班室等。

第三十六条　幼儿园应当配备适合幼儿特点的桌椅、玩具架、盥洗卫生用具，以及必要的玩教具、图书和乐器等。

玩教具应当具有教育意义并符合安全、卫生要求。幼儿园应当因地制宜，就地取材，自制玩教具。

第七章　幼儿园的教职工

第四十条　幼儿园园长应当符合本规程第三十九条规定，并应当具有《教师资格条例》规定的教师资格、具备大专以上学历、有三年以上幼儿园工作经历和一定的组织管理能力，并取得幼儿园园长岗位培训合格证书。

幼儿园园长由举办者任命或者聘任，并报当地主管的教育行政部门备案。幼儿园园长负责幼儿园的全面工作，主要职责如下：

（一）贯彻执行国家的有关法律、法规、方针、政策和地方的相关规定，负责建立并组织执行幼儿园的各项规章制度；

（二）负责保育教育、卫生保健、安全保卫工作；

（三）负责按照有关规定聘任、调配教职工，指导、检查和评估教师以及其他工作人员的工作，并给予奖惩；

（四）负责教职工的思想工作，组织业务学习，并为他们的学习、进修、教育研究创造必要的条件；

（五）关心教职工的身心健康，维护他们的合法权益，改善他们的工作条件；

（六）组织管理园舍、设备和经费；

（七）组织和指导家长工作；

（八）负责与社区的联系和合作。

第四十一条　幼儿园教师必须具有《教师资格条例》规定的幼儿园教师资格，并符合本规程第三十九条规定。

幼儿园教师实行聘任制。

幼儿园教师对本班工作全面负责，其主要职责如下：

（一）观察了解幼儿，依据国家有关规定，结合本班幼儿的发展水平和兴趣需要，制订和执行教育工作计划，合理安排幼儿一日生活；

（二）创设良好的教育环境，合理组织教育内容，提供丰富的玩具和游戏材料，开展适宜的教育活动；

（三）严格执行幼儿园安全、卫生保健制度，指导并配合保育员管理本班幼儿生活，做好卫生保健工作；

（四）与家长保持经常联系，了解幼儿家庭的教育环境，商讨符合幼儿特点的教育措施，相互配合共同完成教育任务；

（五）参加业务学习和保育教育研究活动；

（六）定期总结评估保教工作实效，接受园长的指导和检查。

第九章　幼儿园、家庭和社区

第五十四条　幼儿园应当成立家长委员会。

家长委员会的主要任务是：对幼儿园重要决策和事关幼儿切身利益的事项提出意见和建议；发挥家长的专业和资源优势，支持幼儿园保育教育工作；帮助家长了解幼儿园工作计划和要求，协助幼儿园开展家庭教育指导和交流。

家长委员会在幼儿园园长指导下工作。

第十章　幼儿园的管理

第五十六条　幼儿园实行园长负责制。

幼儿园应当建立园务委员会。园务委员会由园长、副园长、党组织负责人和保教、卫生保健、财会等方面工作人员的代表以及幼儿家长代表组成。园长任园务委员会主任。

园长定期召开园务委员会会议，遇重大问题可临时召集，对规章制度的建立、修改、废除，全园工作计划，工作总结，人员奖惩，财务预算和决算方案，以及其他涉及全园工作的重要问题进行审议。

第三节　《幼儿园教育指导纲要（试行）》

《幼儿园教育指导纲要（试行）》（节选）

2001年7月2日中华人民共和国国家教育委员会令第20号发布，自2001年9月1日起试行。

第一部分　总　则

一、为贯彻《中华人民共和国教育法》《幼儿园管理条例》和《幼儿园工作规程》，指导幼儿园深入实施素质教育，特制定本纲要。

二、幼儿园教育是基础教育的重要组成部分，是我国学校教育和终身教育的奠基阶段。城乡各类幼儿园都应从实际出发，因地制宜地实施素质教育，为幼儿一生的发展打好基础。

三、幼儿园应与家庭、社区密切合作，与小学相互衔接，综合利用各种教育资源，共同为幼儿的发展创造良好的条件。

四、幼儿园应为幼儿提供健康、丰富的生活和活动环境，满足他们多方面发展的需要，使他们在快乐的童年生活中获得有益于身心发展的经验。

五、幼儿园教育应尊重幼儿的人格和权利，尊重幼儿身心发展的规律和学习特点，以游戏为基本活动，保教并重，关注个别差异，促进每个幼儿富有个性的发展。

第二部分　教育内容与要求

幼儿园的教育内容是全面的、启蒙性的，可以相对划分为健康、语言、社会、科学、艺术等五个领域，也可作其他不同的划分。各领域的内容相互渗透，从不同的角度促进幼儿情感、态度、能力、知识、技能等方面的发展。

一、健康

（一）目标

1. 身体健康，在集体生活中情绪安定、愉快；

2. 生活、卫生习惯良好，有基本的生活自理能力；

3. 知道必要的安全保健常识，学习保护自己；

4. 喜欢参加体育活动，动作协调、灵活。

（二）内容与要求

1. 建立良好的师生、同伴关系，让幼儿在集体生活中感到温暖，心情愉快，形成安全感、信赖感；

2. 与家长配合，根据幼儿的需要建立科学的生活常规，培养幼儿良好的饮食、睡眠、盥洗、排泄等生活习惯和生活自理能力；

3. 教育幼儿爱清洁、讲卫生，注意保持个人和生活场所的整洁和卫生；

4. 密切结合幼儿的生活进行安全、营养和保健教育，提高幼儿的自我保护意识和能力；

5. 开展丰富多彩的户外游戏和体育活动，培养幼儿参加体育活动的兴趣和习惯，增强体质，提高对环境的适应能力；

6. 用幼儿感兴趣的方式发展基本动作，提高动作的协调性、灵活性；

7. 在体育活动中，培养幼儿坚强、勇敢、不怕困难的意志品质和主动、乐观、合作的态度。

（三）指导要点

1. 幼儿园必须把保护幼儿的生命和促进幼儿的健康放在工作的首位，树立正确的健康观念，在重视幼儿身体健康的同时，要高度重视幼儿的心理健康；

2. 既要高度重视和满足幼儿受保护、受照顾的需要，又要尊重和满足他们不断增长的独立要求，避免过度保护和包办代替，鼓励并指导幼儿自理、自立的尝试；

3. 健康领域的活动要充分尊重幼儿生长发育的规律，严禁以任何名义进行有损幼儿健康的比赛、表演或训练等；

4. 培养幼儿对体育活动的兴趣是幼儿园体育的重要目标，要根据幼儿的特点组织生动有趣、形式多样的体育活动，吸引幼儿主动参与。

二、语言

（一）目标

1. 乐意与人交谈，讲话礼貌；

2. 注意倾听对方讲话，能理解日常用语；

3. 能清楚地说出自己想说的事；

4. 喜欢听故事、看图书；

5. 能听懂和会说普通话。

（二）内容与要求

1. 创造一个自由、宽松的语言交往环境，支持、鼓励、吸引幼儿与教师、同伴或其他人交谈，体验语言交流的乐趣，学习使用适当的、礼貌的语言交往；

2. 养成幼儿注意倾听的习惯，发展语言理解能力；

3. 鼓励幼儿大胆、清楚地表达自己的想法和感受，尝试说明、描述简单的事物或过程，发展语言表达能力和思维能力；

4. 引导幼儿接触优秀的儿童文学作品，使之感受语言的丰富和优美，并通过多种活动帮助幼儿加深对作品的体验和理解；

5. 培养幼儿对生活中常见的简单标记和文字符号的兴趣；

6. 利用图书、绘画和其他多种方式，引发幼儿对书籍、阅读和书写的兴趣，培养前阅读和前书写技能；

7. 提供普通话的语言环境，帮助幼儿熟悉、听懂并学说普通话。少数民族地区还应帮助幼儿学习本民族语言。

（三）指导要点

1. 语言能力是在运用的过程中发展起来的，发展幼儿语言的关键是创设一个能使他们想说、敢说、喜欢说、有机会说并能得到积极应答的环境；

2. 幼儿语言的发展与其情感、经验、思维、社会交往能力等其他方面的发展密切相关，因此，发展幼儿语言的重要途径是通过互相渗透的各领域的教育，在丰富多彩的活动中去扩展幼儿的经验，提供促进语言发展的条件；

3. 幼儿的语言学习具有个别化的特点，教师与幼儿的个别交流、幼儿之间的自由交谈等，对幼儿语言发展具有特殊意义；

4. 对有语言障碍的儿童要给予特别关注，要与家长和有关方面密切配合，积极地帮助他们提高语言能力。

三、社会

（一）目标

1. 能主动地参与各项活动，有自信心；

2. 乐意与人交往，学习互助、合作和分享，有同情心；

3. 理解并遵守日常生活中基本的社会行为规则；

4. 能努力做好力所能及的事，不怕困难，有初步的责任感；

5. 爱父母长辈、老师和同伴，爱集体、爱家乡、爱祖国。

（二）内容与要求

1. 引导幼儿参加各种集体活动，体验与教师、同伴等共同生活的乐趣，帮助他们正确认识自己和他人，养成对他人、社会亲近合作的态度，学习初步的人际交往技能；

2. 为每个幼儿提供表现自己长处和获得成功的机会，增强其自尊心和自信心；

3. 提供自由活动的机会，支持幼儿自主地选择、计划活动，鼓励他们通过多方面的努力解决问题，不轻易放弃克服困难的尝试；

4. 在共同的生活和活动中，以多种方式引导幼儿认识、体验并理解基本的社会行为规则，学习自律和尊重他人；

5. 教育幼儿爱护玩具和其他物品，爱护公物和公共环境；

6. 与家庭、社区合作，引导幼儿了解自己的亲人以及与自己生活有关的各行各业人们的劳动，培养其对劳动者的热爱和对劳动成果的尊重；

7. 充分利用社会资源，引导幼儿实际感受祖国文化的丰富与优秀，感受家乡的变化和发展，激发幼儿爱家乡、爱祖国的情感；

8. 适当向幼儿介绍我国各民族和世界其他国家、民族的文化，使其感知人类文化的多样性和差异性，培养理解、尊重、平等的态度。

（三）指导要点

1. 社会领域的教育具有潜移默化的特点。幼儿社会态度和社会情感的培养尤应渗透在多种活动和一日生活的各个环节之中，要创设一个能使幼儿感受到接纳、关爱和支持的良好环境，避免单一呆板的言语说教。

2. 幼儿与成人、同伴之间的共同生活、交往、探索、游戏等，是其社会学习的重要途径。应为幼儿提供人际间相互交往和共同活动的机会和条件，并加以指导。

3. 社会学习是一个漫长的积累过程，需要幼儿园、家庭和社会密切合作，协调一致，共同促进幼儿良好社会性品质的形成。

四、科学

（一）目标

1. 对周围的事物、现象感兴趣，有好奇心和求知欲；

2. 能运用各种感官，动手动脑，探究问题；

3. 能用适当的方式表达、交流探索的过程和结果；

4. 能从生活和游戏中感受事物的数量关系并体验到数学的重要和有趣；

5. 爱护动植物，关心周围环境，亲近大自然，珍惜自然资源，有初步的环保意识。

（二）内容与要求

1. 引导幼儿对身边常见事物和现象的特点、变化规律产生兴趣和探究的欲望；

2. 为幼儿的探究活动创造宽松的环境，让每个幼儿都有机会参与尝试，支持、鼓励他们大胆提出问题，发表不同意见，学会尊重别人的观点和经验；

3. 提供丰富的可操作的材料，为每个幼儿都能运用多种感官、多种方式进行探索提供活动的条件；

4. 通过引导幼儿积极参加小组讨论、探索等方式，培养幼儿合作学习的意识和能力，学习用多种方式表现、交流、分享探索的过程和结果；

5. 引导幼儿对周围环境中的数、量、形、时间和空间等现象产生兴趣，建构初步的数概念，并学习用简单的数学方法解决生活和游戏中某些简单的问题；

6. 从生活或媒体中幼儿熟悉的科技成果入手，引导幼儿感受科学技术对生活的影响，培养他们对科学的兴趣和对科学家的崇敬；

7. 在幼儿生活经验的基础上，帮助幼儿了解自然、环境与人类生活的关系。从身边的小事入手，培养初步的环保意识和行为。

（三）指导要点

1. 幼儿的科学教育是科学启蒙教育，重在激发幼儿的认识兴趣和探究欲望；

2. 要尽量创造条件让幼儿实际参加探究活动，使他们感受科学探究的过程和方法，体验发现的乐趣；

3. 科学教育应密切联系幼儿的实际生活进行，利用身边的事物与现象作为科学探索的对象。

五、艺术

（一）目标

1. 能初步感受并喜爱环境、生活和艺术中的美；

2. 喜欢参加艺术活动，并能大胆地表现自己的情感和体验；

3. 能用自己喜欢的方式进行艺术表现活动。

（二）内容与要求

1. 引导幼儿接触周围环境和生活中美好的人、事、物，丰富他们的感性经验和审美情趣，激发他们表现美、创造美的情趣；

2. 在艺术活动中面向全体幼儿，要针对他们的不同特点和需要，让每个幼儿都得到美的熏陶和培养，对有艺术天赋的幼儿要注意发展他们的艺术潜能；

3. 提供自由表现的机会，鼓励幼儿用不同艺术形式大胆地表达自己的情感、理解和想象，尊重每个幼儿的想法和创造，肯定和接纳他们独特的审美感受和表现方式，分享他们创造的快乐；

4. 在支持、鼓励幼儿积极参加各种艺术活动并大胆表现的同时，帮助他们提高表现的技能和能力；

5. 指导幼儿利用身边的物品或废旧材料制作玩具、手工艺品等来美化自己的生活或开展其他活动；

6. 为幼儿创设展示自己作品的条件，引导幼儿相互交流、相互欣赏、共同提高。

（三）指导要点

1. 艺术是实施美育的主要途径，应充分发挥艺术的情感教育功能，促进幼儿健全人格的形成，要避免仅仅重视表现技能或艺术活动的结果，而忽视幼儿在活动过程中的情感体验和态度的倾向；

2. 幼儿的创作过程和作品是他们表达自己的认识和情感的重要方式，应支持幼儿富有个性和创造性的表达，克服过分强调技能技巧和标准化要求的偏向；

3. 幼儿艺术活动的能力是在大胆表现的过程中逐渐发展起来的，教师的作用应主要在于激发幼儿感受美、表现美的情趣，丰富他们的审美经验，使之体验自由表达和创造的快乐。在此基础上，根据幼儿的发展状况和需要，对表现方式和技能技巧给予适时、适当的指导。

第三部分　组织与实施

三、教育活动的组织与实施过程是教师创造性地开展工作的过程。教师要根据本《纲要》，从本地、本园的条件出发，结合本班幼儿的实际情况，制定切实可行的工作计划并灵活地执行。

四、教育活动目标要以《幼儿园工作规程》和本《纲要》所提出的各领域目标为指导，结合本班幼儿的发展水平、经验和需要来确定。

五、教育活动内容的选择应遵照本《纲要》第二部分的有关条款进行，同时体现以下原则：

（一）既适合幼儿的现有水平，又有一定的挑战性；

（二）既符合幼儿的现实需要，又有利于其长远发展；

（三）既贴近幼儿的生活来选择幼儿感兴趣的事物和问题，又有助于拓展幼儿的经验和视野。

六、教育活动内容的组织应充分考虑幼儿的学习特点和认识规律，各领域的内容要有机联系，相互渗透，注重综合性、趣味性、活动性，寓教育于生活、游戏之中。

九、科学、合理地安排和组织一日生活。

（一）时间安排应有相对的稳定性与灵活性，既有利于形成秩序，又能满足幼儿的合理需要，照顾到个体差异；

（二）教师直接指导的活动和间接指导的活动相结合，保证幼儿每天有适当的自主选择和自由活动时间，教师直接指导的集体活动要能保证幼儿的积极参与，避免时间的隐性浪费；

（三）尽量减少不必要的集体行动和过渡环节，减少和消除消极等待现象；

（四）建立良好的常规，避免不必要的管理行为，逐步引导幼儿学习自我管理。

十、教师应成为幼儿学习活动的支持者、合作者、引导者。

（一）以关怀、接纳、尊重的态度与幼儿交往，耐心倾听，努力理解幼儿的想法与感受，支持、鼓励他们大胆探索与表达；

（二）善于发现幼儿感兴趣的事物、游戏和偶发事件中所隐含的教育价值，把握时机，积极引导；

（三）关注幼儿在活动中的表现和反应，敏感地察觉他们的需要，及时以适当的方式应答，形成合作探究式的师生互动；

（四）尊重幼儿在发展水平、能力、经验、学习方式等方面的个体差异，因人施教，努力使每一个幼儿都能获得满足和成功；

（五）关注幼儿的特殊需要，包括各种发展潜能和不同发展障碍，与家庭密切配合，共同促进幼儿健康成长。

十一、幼儿园教育要与0～3岁儿童的保育教育以及小学教育相互衔接。

第四部分　教育评价

二、管理人员、教师、幼儿及其家长均是幼儿园教育评价工作的参与者。评价过程是各方共同参与、相互支持与合作的过程。

三、评价的过程，是教师运用专业知识审视教育实践，发现、分析、研究、解决问题的过程，也是其自我成长的重要途径。

四、幼儿园教育工作评价实行以教师自评为主，园长以及有关管理人员、其他教师和家长等参与评价的制度。

五、评价应自然地伴随着整个教育过程进行。综合采用观察、谈话、作品分析等多种方法。

七、教育工作评价宜重点考察以下方面：

（一）教育计划和教育活动的目标是否建立在了解本班幼儿现状的基础上；

（二）教育的内容、方式、策略、环境条件是否能调动幼儿学习的积极性；

（三）教育过程是否能为幼儿提供有益的学习经验，并符合其发展需要；

（四）教育内容、要求能否兼顾群体需要和个体差异，使每个幼儿都能得到发展，都有成功感；

（五）教师的指导是否有利于幼儿主动、有效地学习。

八、对幼儿发展状况的评估，要注意：

（一）明确评价的目的是了解幼儿的发展需要，以便提供更加适宜的帮助和指导；

（二）全面了解幼儿的发展状况，防止片面性，尤其要避免只重知识和技能，忽略情感、社会性和实际能力的倾向；

（三）在日常活动与教育教学过程中采用自然的方法进行，平时观察所获的具有典型意义的幼儿行为表现和所积累的各种作品等，是评价的重要依据；

（四）承认和关注幼儿的个体差异，避免用划一的标准评价不同的幼儿，在幼儿面前慎用横向的比较；

（五）以发展的眼光看待幼儿，既要了解现有水平，更要关注其发展的速度、特点和倾向等。

第四节 《3～6岁儿童学习与发展指南》

《3～6岁儿童学习与发展指南》（节选）

教育部

2012年10月

说明

一、为深入贯彻《国家中长期教育改革和发展规划纲要（2010～2020年）》和《国务院关于当前发展学前教育的若干意见》（国发〔2010〕41号），指导幼儿园和家庭实施科学的保育和教育，促进幼儿身心全面和谐发展，制定《3～6岁儿童学习与发展指南》（以下简称《指南》）。

三、《指南》从健康、语言、社会、科学、艺术五个领域描述幼儿的学习与发展。每个领域按照幼儿学习与发展最基本、最重要的内容划分为若干方面。每个方面由学习与发展目标和教育建议两部分组成。

目标部分分别对3～4岁、4～5岁、5～6岁三个年龄段末期幼儿应该知道什么、能做什么，大致可以达到什么发展水平提出了合理期望，指明了幼儿学习与发展的具体方向；教育建议部分列举了一些能够有效帮助和促进幼儿学习与发展的教育途径与方法。

四、实施《指南》应把握以下几个方面：

1. 关注幼儿学习与发展的整体性。儿童的发展是一个整体，要注重领域之间、目标之间的相互渗透和整合，促进幼儿身心全面协调发展，而不应片面追求某一方面或几方面的发展。

2. 尊重幼儿发展的个体差异。幼儿的发展是一个持续、渐进的过程，同时也表现出一定的阶段性特征。每个幼儿在沿着相似进程发展的过程中，各自的发展速度和到达某一水平的时间不完全相同。要充分理解和尊重幼儿发展进程中的个别差异，支持和引导他们从原有水平向更高水平发展，按照自身的速度和方式到达《指南》所呈现的发展“阶梯”，切忌用一把“尺子”衡量所有幼儿。

3. 理解幼儿的学习方式和特点。幼儿的学习是以直接经验为基础，在游戏和日常生活中进行的。要珍视游戏和生活的独特价值，创设丰富的教育环境，合理安排一日生活，最大限度地支持和满足幼儿通过直接感知、实际操作和亲身体验获取经验的需要，严禁“拔苗助长”式的超前教育和强化训练。

4. 重视幼儿的学习品质。幼儿在活动过程中表现出的积极态度和良好行为倾向是终身学习与发展所必需的宝贵品质。要充分尊重和保护幼儿的好奇心和学习兴趣，帮助幼儿逐步养成积极主动、认真专注、不怕困难、敢于探究和尝试、乐于想象和创造等良好学习品质。忽视幼儿学习品质培养，单纯追求知识技能学习的做法是短视而有害的。

《3~6 岁儿童学习与发展指南》的具体内容等可以参看教师招聘考试专用教材·教育理论基础·幼儿园。因篇幅有限在此不再赘述。

第五节 《幼儿园教师专业标准（试行）》

《幼儿园教师专业标准（试行）》（节选）

为促进幼儿园教师专业发展，建设高素质幼儿园教师队伍，根据《中华人民共和国教师法》，特制定《幼儿园教师专业标准（试行）》（以下简称《专业标准》）。

幼儿园教师是履行幼儿园教育工作职责的专业人员，需要经过严格的培养与培训，具有良好的职业道德，掌握系统的专业知识和专业技能。《专业标准》是国家对合格幼儿园教师专业素质的基本要求，是幼儿园教师开展保教活动的基本规范，是引领幼儿园教师专业发展的基本准则，是幼儿园教师培养、准入、培训、考核等工作的重要依据。

一、基本理念

(一)师德为先

热爱学前教育事业，具有职业理想，践行社会主义核心价值体系，履行教师职业道德规范。关爱幼儿，尊重幼儿人格，富有爱心、责任心、耐心和细心；为人师表，教书育人，自尊自律，做幼儿健康成长的启蒙者和引路人。

(二)幼儿为本

尊重幼儿权益，以幼儿为主体，充分调动和发挥幼儿的主动性；遵循幼儿身心发展特点和保教活动规律，提供适合的教育，保障幼儿快乐健康成长。

(三)能力为重

把学前教育理论与保教实践相结合，突出保教实践能力；研究幼儿，遵循幼儿成长规律，提升保教工作专业化水平；坚持实践、反思、再实践、再反思，不断提高专业能力。

(四)终身学习

学习先进学前教育理论，了解国内外学前教育改革与发展的经验和做法；优化知识结构，提高文化素养；具有终身学习与持续发展的意识和能力，做终身学习的典范。

三、实施建议

(一)各级教育行政部门要将《专业标准》作为幼儿园教师队伍建设的基本依据。

(二)开展幼儿园教师教育的院校要将《专业标准》作为幼儿园教师培养培训的主要依据。

(三)幼儿园要将《专业标准》作为教师管理的重要依据。

(四)幼儿园教师要将《专业标准》作为自身专业发展的基本依据。

《幼儿园教师专业标准(试行)》的基本内容等可以参看教师招聘考试专用教材·教育理论基础·幼儿园。因篇幅有限在此不再赘述。

第六节 《儿童权利公约》解读

一、《公约》的宗旨和依据

宗旨：最大限度地保护儿童权益。

依据：根据一些重要国际人权文书中保护儿童的有关规定并结合儿童的特点和实际需要制定。

二、《儿童权利公约》的主要内容解读

（1）《儿童权利公约》中所指的“儿童”系指18岁以下的任何人，除非对其适用之法律规定成年年龄低于18岁。

（2）《儿童权利公约》规定儿童拥有的权利：

①生存权是首要的人权，儿童出生后就获得了生命权，享有生命安全不受非法侵害的权利和受特殊保护的权利，以及接受可达到的最高标准的医疗保健服务的权利。

②受保护权包括保护儿童免受歧视、剥削、酷刑、虐待或疏忽照料，以及对失去家庭的儿童和难民儿童的基本保证。

③儿童的发展权包括儿童接受一切形式的教育（正规和非正规）的权利。每个儿童有权享有足以促进其身体、心理、精神、道德与社会发展的生活水平。

④儿童的参与权指的是儿童获得参与社会生活的权利。

（3）《儿童权利公约》提倡的四项原则

原则：
- 儿童最大利益
- 尊重儿童权利与尊严
- 无歧视
- 尊重儿童观点

三、《儿童权利公约》的部分内容

第七条

1. 儿童出生后应立即登记，并有自出生起获得姓名的权利，有获得国籍的权利，以及尽可能知道谁是其父母并受其父母照料的权利。

2. 缔约国应确保这些权利按照本国法律及其根据有关国际文书在这一领域承担的义务予以实施，尤应注意不如此儿童即无国籍之情形。

第十二条

1. 缔约国应确保有主见能力的儿童有权对影响到其本人的一切事项自由发表自己的意见，对儿童的意见应按照其年龄和成熟程度给以适当的看待。

2. 为此目的，儿童特别应有机会在影响到儿童的任何司法和政策诉讼中，以符合国家法律的诉讼规则的方式，直接或通过代表或适当机构陈述意见。

第十三条

1. 儿童应有自由发表言论的权利，此项权利应包括通过口头、书面或印刷、艺术形式或儿童所选择的任何其他媒介，寻求、接受和传递各种信息和思想的自由，而不论国界。

2. 此项权利的行使可受某些限制约束，但这些限制仅限于法律所规定并为以下目的所必需：

(A) 尊重他人的权利和名誉；

(B) 保护国家安全或公共秩序或公共卫生或道德。

第十七条

缔约国确认大众传播媒介的重要作用，并应确保儿童能够从多种的国家和国际来源获得信息和资料，尤其是旨在促进其社会、精神和道德福祉和身心健康的信息和资料，为此目的，缔约国应：

(A) 鼓励大众传播媒介本着第29条的精神散播在社会和文化方面有益于儿童的信息和资料；

(B) 鼓励在编制、交流和散播来自不同文化、国家和国际来源的这类信息和资料方面进行国际合作；

(C) 鼓励儿童读物的著作和普及；

(D) 鼓励大众传播媒介特别注意属于少数群体或土著居民的儿童在语言方面的需要；

(E) 鼓励根据第13条和第18条的规定制定适当的准则，保护儿童不受可能损害其福祉的信息和资料之害。

第二十一条

凡承认和(或)许可收养制度的国家应确保以儿童的最大利益为首要考虑并应：

(A)确保只有经主管当局按照适用的法律和程序并根据所有有关可靠的资料，判定鉴于儿童有关父母、亲属和法定监护人方面的情况可允许收养，并且判定必要时有关人士已根据可能必要的辅导对收养表示知情的同意，方可批准儿童的收养；

(B)确认如果儿童不能安置于寄养或收养家庭，或不能以任何适当方式在儿童原籍国加以照料，跨国收养可视为照料儿童的一个替代办法；

(C)确保得到跨国收养的儿童享有与本国收养相当的保障和标准；

(D)采取一切适当措施确保跨国收养的安排不致使所涉人士获得不正当财务收益；

(E)在适当时通过缔结双边或多边安排或协定促成本条的目标，并在这一范围内努力确保由主管当局或机构负责安排儿童在另一国收养的事宜。

第三十一条

1. 缔约国确认儿童有权享有休息和闲暇，从事与儿童年龄相宜的游戏和娱乐活动，以及自由参加文化生活艺术活动。

2. 缔约国应尊重并促进儿童充分参加文化和艺术生活的权利，并应鼓励提供从事文化、艺术、娱乐和休闲活动的适当和均等的机会。

实战演练

1. 简述《幼儿园工作规程》规定的幼儿园任务。
2. 简述《幼儿园工作规程》规定的幼儿园保育和教育的主要目标。
3. 简述《幼儿园工作规程》规定的幼儿园教育应当贯彻的原则和要求。
4. 简述健康领域目标。
5. 简述语言领域的指导要点。
6. 简述社会领域的内容与要求。
7. 简述艺术领域的指导要点。
8. 简述科学领域的目标。
9. 简述教育工作评价宜重点考察的内容。
10. 简述《幼儿园教师专业标准(试行)》的基本理念。
11. 简述《儿童权利公约》规定儿童拥有的权利。

第二章　教师职业道德概述

思维导图

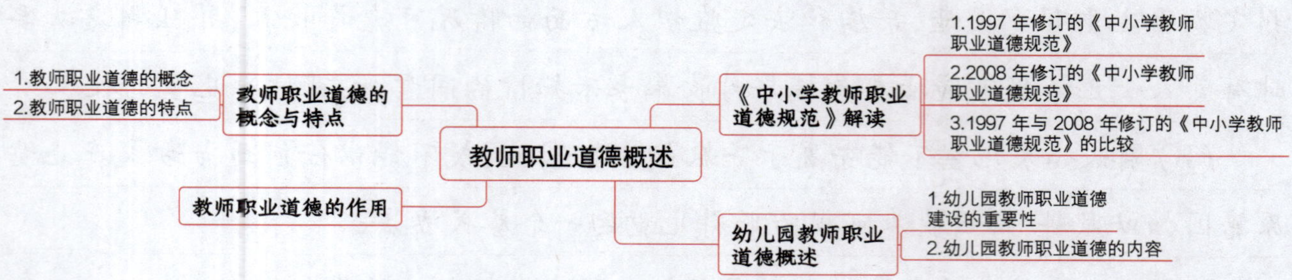

要点精讲

第一节　教师职业道德的概念与特点

一、教师职业道德的概念

教师职业道德是教师在从事教育劳动时所应遵循的行为规范和必备的品德的总和，是调节教师与他人、与社会等关系时所必须遵守的基本道德规范和行为准则，以及在此基础上所表现出来的道德观念、情操和品质。

教师职业道德构成因素：
- 职业理想
- 职业责任
- 职业态度
- 职业纪律
- 职业技能
- 职业良心
- 职业作风
- 职业荣誉

二、教师职业道德的特点

特点
- 教育专门性（适用的针对性）
- 要求的双重性（根本任务是教书育人）
- 内容的全面性
- 功能的多样性
- 标准的严格性和境界的高层次性
- 意识的自觉性
- 行为的典范性和示范性（以身作则、为人师表）
- 影响的广泛性和深远性

第二节　教师职业道德的作用

作用
- 调节作用
  - ①通过调节教师与教育事业的关系，促进教师爱岗敬业
  - ②通过调节教师与学生的关系，形成尊师爱生的教育氛围
  - ③通过调节教师与教师的关系，形成团结协作的教育凝聚力
  - ④通过调节教师与学校其他成员及与社会其他成员的关系，形成教育合力
- 教育作用
  - ①教师的道德品质对学生品德的形成具有示范作用
  - ②教师的道德品质对学生智力的发展、科学文化水平的提高有推动作用
  - ③教师的道德品质对培养学生审美情趣具有促进作用
  - ④教师的道德品质对学生良好心理素质的培养具有促进作用
- 导向作用
  - 激励作用
  - 控制作用
  - 调整作用
  - 矫正作用

作用{促进作用{
- 有利于社会职业道德的发展和从业者道德素质的提高
- 有利于家庭美德的形成和整个社会文明程度的提高
- 有利于社会公德的发展和良好社会风气的形成

第三节 幼儿园教师职业道德概述

一、幼儿园教师职业道德建设的重要性

重要性{
- 是幼儿园教师职业特点的客观要求
- 是政府与社会对幼儿园教师行为的基本要求
- 解决当前幼儿园教师师德问题的有效办法
- 是提升幼儿园教师个人职业素养的重要途径

二、幼儿园教师职业道德的内容

内容{
- ①对待幼儿教育事业的道德（热爱学前教育事业是幼儿园教师的基本道德准则，也是幼儿园教师做好本职工作的前提条件）
- ②对待幼儿的道德（热爱幼儿是幼儿园教师职业道德的核心，是幼儿园教师教育观、儿童观的集中体现，也是评价幼儿园教师职业道德水准的重要指标）
- ③对待幼儿园教师集体的道德（努力建立融洽和谐的同事协作关系和形成与集体通力合作的良好关系）
- ④对待自己的道德（自身的业务能力和道德修养是衡量师德高低的重要标准）

第四节 《中小学教师职业道德规范》解读

一、1997年修订的《中小学教师职业道德规范》

内容{
- 依法执教
- 爱岗敬业
- 热爱学生——教育学生的感情基础，是教师职业道德高低的试金石
- 严谨治学——教师必备的素质，自我完善的重要途径

内容
- 团结协作
- 尊重家长
- 廉洁从教
- 为人师表

补充：

严谨治学的基本要求
- 要有精深的专业知识
- 要有刻苦钻研、精益求精的精神
- 要有谦虚谨慎的态度
- 要有锐意创新的品质

二、2008 年修订的《中小学教师职业道德规范》

内容
- 爱国守法（基本要求）
  - 全面贯彻国家教育方针
  - 自觉遵守教育法律法规，依法履行教师职责权利
  - 不得有违背党和国家方针政策的言行
- 爱岗敬业（本质要求）
  - 对工作高度负责
  - 认真备课上课
  - 认真批改作业
  - 认真辅导学生
  - 不得敷衍塞责
- 关爱学生（师德的灵魂）
  - 关心爱护全体学生，尊重学生人格，平等公正对待学生
  - 对学生严慈相济，做学生的良师益友
  - 保护学生安全，关心学生健康，维护学生权益
  - 不讽刺、挖苦、歧视学生，不体罚或变相体罚学生
- 教书育人（教师的天职）
  - 遵循教育规律，实施素质教育
  - 循循善诱，诲人不倦，因材施教
  - 培养学生良好品行，激发学生创新精神，促进学生全面发展
  - 不以分数作为评价学生的唯一标准

内容
- 为人师表（内在要求）
  - 坚守高尚情操，知荣明耻
  - 严于律己，以身作则
  - 衣着得体，语言规范，举止文明
  - 关心集体，团结协作，尊重同事，尊重家长
  - 作风正派，廉洁奉公
  - 自觉抵制有偿家教，不利用职务之便谋取私利
- 终身学习（专业发展的不竭动力）
  - ①崇尚科学精神，树立终身学习理念
  - ②拓宽知识视野，更新知识结构
  - ③潜心钻研业务，勇于探索创新，不断提高专业素养和教育教学水平

巧学妙记

三爱两人一终身。

补充：

爱岗敬业、教书育人和为人师表是师德的核心内容，关爱学生是最基本内容。这是社会对教师职业道德的最基本的要求。

爱岗敬业是对一切职业的共同要求，没有爱岗敬业的精神，一切都无从谈起。因此，它是师德的基础。

教书育人是对教师这一特殊职业的专业要求，它是教师工作的具体内容，师德所引发的效果如何，必须由此而体现，所以它是师德的载体。

为人师表是社会对教师这一职业所承担的职责具有的特殊性而提出的比一般职业道德更高的要求，教师的人格、品行所具有的感召力，由此得到充分表现，故而它是师德的支柱。

三者形成有机整体，缺一不可。作为一位人民教师，必须信奉之，遵循之，笃行之，并在此基础上升华之，力求达到爱岗敬业精神高尚、教书育人水平高超、为人师表品行高洁的“三高”境界。

三、1997 年与 2008 年修订的《中小学教师职业道德规范》的比较

1997 年	2008 年
①内容实用性较强； ②对整个教育行业自身的建设有所考虑，但考虑不多； ③根据社会的发展要求，给教师职业道德赋予了时代特征，理论上也进行了一定的探讨，但在具体表述的层次上还需要进一步明确	①坚持“以人为本”； ②坚持继承与创新相结合； ③坚持广泛性与先进性相结合； ④倡导性要求与禁行性规定相结合； ⑤他律与自律相结合

补充：

2008 年修订的《中小学教师职业道德规范》不足之处

不足：
- ①“专业道德”的特征不够明显，没有围绕教育劳动的特点构建教师的专业道德
- ②对教师职业道德的结构和层次的界定有待于进一步明确
- ③具体性、针对性和可操作性没有得到更为充分的改善

实战演练

1. 简述幼儿园教师职业道德的内容。
2. 简述教师职业道德的特点。
3. 简述教师职业道德的作用。
4. 简述幼儿园教师职业道德建设的重要性。
5. 简述 2008 年修订的《中小学教师职业道德规范》的内容。

附录1　新时代幼儿园教师职业行为十项准则

教师是人类灵魂的工程师，是人类文明的传承者。长期以来，广大教师贯彻党的教育方针，教书育人，呕心沥血，默默奉献，为国家发展和民族振兴作出了重大贡献。新时代对广大教师落实立德树人根本任务提出新的更高要求，为进一步增强教师的责任感、使命感、荣誉感，规范职业行为，明确师德底线，引导广大教师努力成为有理想信念、有道德情操、有扎实学识、有仁爱之心的好老师，着力培养德智体美劳全面发展的社会主义建设者和接班人，特制定以下准则。

一、坚定政治方向。坚持以习近平新时代中国特色社会主义思想为指导，拥护中国共产党的领导，贯彻党的教育方针；不得在保教活动中及其他场合有损害党中央权威和违背党的路线方针政策的言行。

二、自觉爱国守法。忠于祖国，忠于人民，恪守宪法原则，遵守法律法规，依法履行教师职责；不得损害国家利益、社会公共利益，或违背社会公序良俗。

三、传播优秀文化。带头践行社会主义核心价值观，弘扬真善美，传递正能量；不得通过保教活动、论坛、讲座、信息网络及其他渠道发表、转发错误观点，或编造散布虚假信息、不良信息。

四、潜心培幼育人。落实立德树人根本任务，爱岗敬业，细致耐心；不得在工作期间玩忽职守、消极怠工，或空岗、未经批准找人替班，不得利用职务之便兼职兼薪。

五、加强安全防范。增强安全意识，加强安全教育，保护幼儿安全，防范事故风险；不得在保教活动中遇突发事件、面临危险时，不顾幼儿安危，擅离职守，自行逃离。

六、关心爱护幼儿。呵护幼儿健康，保障快乐成长；不得体罚和变相体罚幼儿，不得歧视、侮辱幼儿，严禁猥亵、虐待、伤害幼儿。

七、遵循幼教规律。循序渐进，寓教于乐；不得采用学校教育方式提前教授小学内容，不得组织有碍幼儿身心健康的活动。

八、秉持公平诚信。坚持原则，处事公道，光明磊落，为人正直；不得在入园招生、绩效考核、岗位聘用、职称评聘、评优评奖等工作中徇私舞弊、弄虚作假。

九、坚守廉洁自律。严于律己，清廉从教；不得索要、收受幼儿家长财物或参加由家长付费的宴请、旅游、娱乐休闲等活动，不得推销幼儿读物、社会保险或利用家长资源谋取私利。

十、规范保教行为。尊重幼儿权益，抵制不良风气；不得组织幼儿参加以营利为目的的表演、竞赛等活动，或泄露幼儿与家长的信息。

附录Ⅱ　幼儿园教师违反职业道德行为处理办法

教师〔2018〕19号

第一条　为规范幼儿园教师职业行为，保障教师、幼儿的合法权益，根据《中华人民共和国教育法》《中华人民共和国未成年人保护法》《中华人民共和国教师法》《教师资格条例》和《新时代幼儿园教师职业行为十项准则》等法律法规和制度规范，制定本办法。

第二条　本办法所称幼儿园教师包括公办幼儿园、民办幼儿园的教师。

第三条　本办法所称处理包括处分和其他处理。处分包括警告、记过、降低岗位等级或撤职、开除。警告期限为6个月，记过期限为12个月，降低岗位等级或撤职期限为24个月。是中共党员的，同时给予党纪处分。

其他处理包括给予批评教育、诫勉谈话、责令检查、通报批评，以及取消在评奖评优、职务晋升、职称评定、岗位聘用、工资晋级、申报人才计划等方面的资格。取消相关资格的处理执行期限不得少于24个月。

教师涉嫌违法犯罪的，及时移送司法机关依法处理。

第四条　应予处理的教师违反职业道德行为如下：

（一）在保教活动中及其他场合有损害党中央权威和违背党的路线方针政策的言行。

（二）损害国家利益、社会公共利益，或违背社会公序良俗。

（三）通过保教活动、论坛、讲座、信息网络及其他渠道发表、转发错误观点，或编造散布虚假信息、不良信息。

（四）在工作期间玩忽职守、消极怠工，或空岗、未经批准找人替班，利用职务之便兼职兼薪。

（五）在保教活动中遇突发事件、面临危险时，不顾幼儿安危，擅离职守，自行逃离。

（六）体罚和变相体罚幼儿，歧视、侮辱幼儿，猥亵、虐待、伤害幼儿。

（七）采用学校教育方式提前教授小学内容，组织有碍幼儿身心健康的活动。

（八）在入园招生、绩效考核、岗位聘用、职称评聘、评优评奖等工作中徇私舞弊、弄虚作假。

（九）索要、收受幼儿家长财物或参加由家长付费的宴请、旅游、娱乐休闲等活动，推销幼儿读物、社会保险或利用家长资源谋取私利。

（十）组织幼儿参加以营利为目的的表演、竞赛活动，或泄露幼儿与家长的信息。

（十一）其他违反职业道德的行为。

第五条　幼儿园及幼儿园主管部门发现教师存在第四条列举行为的，应当及时组织调查核实，视情节轻重给予相应处理。

做出处理决定前，应当听取教师的陈述和申辩，调查了解幼儿情况，听取其他教师、家长委员会或者家长代表意见，并告知教师有要求举行听证的权利。对于拟给予降低岗位等级以上的处分，教师要求听证的，拟做出处理决定的部门应当组织听证。

第六条　给予教师处理，应当坚持公平公正、教育与惩处相结合的原则；应当与其违反职业道德行为的性质、情节、危害程度相适应；应当事实清楚、证据确凿、定性准确、处理恰当、程序合法、手续完备。

第七条　给予教师处理按照以下权限决定：

（一）警告和记过处分，公办幼儿园教师由所在幼儿园提出建议，幼儿园主管部门决定。民办幼儿园教师由所在幼儿园提出建议，幼儿园举办者做出决定，并报主管部门备案。

（二）降低岗位等级或撤职处分，公办幼儿园由教师所在幼儿园提出建议，幼儿园主管部门决定并报同级人事部门备案。

民办幼儿园教师由所在幼儿园提出建议，幼儿园举办者做出决定，并报主管部门备案。

（三）开除处分，公办幼儿园在编教师由所在幼儿园提出建议，幼儿园主管部门决定并报同级人事部门备案。未纳入编制管理的教师由所在幼儿园决定并解除其聘任合同，报主管部门备案。民办幼儿园教师由所在幼儿园提出建议，幼儿园举办者做出决定并解除其聘任合同，报主管部门备案。

（四）给予批评教育、诫勉谈话、责令检查、通报批评，以及取消在评奖评优、职务晋升、职称评定、岗位聘用、工资晋级、申报人才计划等方面资格的其他处理，按照管理权限，由教师所在幼儿园或主管部门视其情节轻重做出决定。

第八条　处理决定应当书面通知教师本人并载明认定的事实、理由、依据、期限及申诉途径等内容。

第九条　教师不服处理决定的，可以向幼儿园主管部门申请复核。对复核结果不服的，可以向幼儿园主管部门的上一级行政部门提出申诉。

对教师的处理，在期满后根据悔改表现予以延期或解除，处理决定和处理解除决定都应完整存入人事档案及教师管理信息系统。

第十条　教师受到处分的，符合《教师资格条例》第十九条规定的，由县级以上教育行政部门依法撤销其教师资格。

教师受处分期间暂缓教师资格定期注册。依据《中华人民共和国教师法》第十四条规定丧失教师资格的，不能重新取得教师资格。

教师受记过以上处分期间不能参加专业技术职务任职资格评审。

第十一条　教师被依法判处刑罚的，依据《事业单位工作人员处分暂行规定》给予降低岗位等级或者撤职以上处分。其中，被依法判处有期徒刑以上刑罚的，给予开除处分。教师受到剥夺政治权利或者故意犯罪受到有期徒刑以上刑事处罚的，丧失教师资格。

第十二条　公办幼儿园、民办幼儿园举办者及主管部门不履行或不正确履行师德师风建设管理职责，有下列情形的，上一级行政部门应当视情节轻重采取约谈、诫勉谈话、通报批评、纪律处分和组织处理等方式严肃追究主要负责人、分管负责人和直接责任人的责任：

（一）师德师风长效机制建设、日常教育督导不到位；

（二）师德失范问题排查发现不及时；

（三）对已发现的师德失范行为处置不力、方式不当或拒不处分、拖延处分、推诿隐瞒的；

（四）已做出的师德失范行为处理决定落实不到位，师德失范行为整改不彻底；

（五）多次出现师德失范问题或因师德失范行为引起不良社会影响；

（六）其他应当问责的失职失责情形。

第十三条　省级教育行政部门应当结合当地实际情况制定实施细则，并报国务院教育行政部门备案。

第十四条　本办法自发布之日起施行。

附录Ⅲ 《国务院关于当前发展学前教育的若干意见》

国发〔2010〕41号

各省、自治区、直辖市人民政府，国务院各部委、各直属机构：

为贯彻落实党的十七届五中全会、全国教育工作会议精神和《国家中长期教育改革和发展规划纲要(2010~2020年)》，积极发展学前教育，着力解决当前存在的“入园难”问题，满足适龄儿童入园需求，促进学前教育事业科学发展，现提出如下意见。

一、把发展学前教育摆在更加重要的位置。学前教育是终身学习的开端，是国民教育体系的重要组成部分，是重要的社会公益事业。改革开放特别是新世纪以来，我国学前教育取得长足发展，普及程度逐步提高。但总体上看，学前教育仍是各级各类教育中的薄弱环节，主要表现为教育资源短缺、投入不足，师资队伍不健全，体制机制不完善，城乡区域发展不平衡，一些地方“入园难”问题突出。办好学前教育，关系亿万儿童的健康成长，关系千家万户的切身利益，关系国家和民族的未来。

发展学前教育，必须坚持公益性和普惠性，努力构建覆盖城乡、布局合理的学前教育公共服务体系，保障适龄儿童接受基本的、有质量的学前教育；必须坚持政府主导，社会参与，公办民办并举，落实各级政府责任，充分调动各方面积极性；必须坚持改革创新，着力破除制约学前教育科学发展的体制机制障碍；必须坚持因地制宜，从实际出发，为幼儿和家长提供方便就近、灵活多样、多种层次的学前教育服务；必须坚持科学育儿，遵循幼儿身心发展规律，促进幼儿健康快乐成长。

各级政府要充分认识发展学前教育的重要性和紧迫性，将大力发展学前教育作为贯彻落实教育规划纲要的突破口，作为推动教育事业科学发展的重要任务，作为建设社会主义和谐社会的重大民生工程，纳入政府工作重要议事日程，切实抓紧抓好。

二、多种形式扩大学前教育资源。大力发展公办幼儿园，提供“广覆盖、保基本"的学前教育公共服务。加大政府投入，新建、改建、扩建一批安全、适用的幼儿园。不得用政府投入建设超标准、高收费的幼儿园。中小学布局调整后的富余教育资源和其他富余公共资源，优先改建成幼儿园。鼓励优质公办幼儿园举办分园或合作办园。制定优惠政策，支持街道、农村集体举办幼儿园。

鼓励社会力量以多种形式举办幼儿园。通过保证合理用地、减免税费等方式，支持社会力量办园。积极扶持民办幼儿园特别是面向大众、收费较低的普惠性民办幼儿园发展。采取政府购买服务、减免租金、以奖代补、派驻公办教师等方式，引导和支持民办幼儿园提供普惠性服务。民办幼儿园在审批登记、分类定级、评估指导、教师培训、职称评定、资格认定、表彰奖励等方面与公办幼儿园具有同等地位。

城镇小区没有配套幼儿园的，应根据居住区规划和居住人口规模，按照国家有关规定配套建设幼儿园。新建小区配套幼儿园要与小区同步规划、同步建设、同步交付使用。建设用地按国家有关规定予以保障。未按规定安排配套幼儿园建设的小区规划不予审批。城镇小区配套幼儿园作为公共教育资源由当地政府统筹安排，举办公办幼儿园或委托办成普惠性民办幼儿园。城镇幼儿园建设要充分考虑进城务工人员随迁子女接受学前教育的需求。

努力扩大农村学前教育资源。各地要把发展学前教育作为社会主义新农村建设的重要内容，将幼儿园作为新农村公共服务设施统一规划，优先建设，加快发展。各级政府要加大对农村学前教育的投入，从今年开始，国家实施推进农村学前教育项目，重点支持中西部地区；地方各级政府要安排专门资金，重点建设农村幼儿园。乡镇和大村独立建园，小村设分园或联合办园，人口分散地区举办流动幼儿园、季节班等，配备专职巡回指导教师，逐步完善县、乡、村学前教育网络。改善农村幼儿园保教条件，配备基本的保教设施、玩教具、幼儿读物等。创造更多条件，着力保障留守儿童入园。发展农村学前教育要充分考虑农村人口分布和流动趋势，合理布局，有效使用资源。

三、多种途径加强幼儿教师队伍建设。加快建设一支师德高尚、热爱儿童、业务精良、结构合理的幼儿教师队伍。各地根据国家要求，结合本地实际，合理确定生师比，核定公办幼儿园教职工编制，逐步配齐幼儿园教职工。健全幼儿教师资格准入制度，严把入口关。2010年国家颁布幼儿教师专业标准。公开招聘具备条件的毕业生充实幼儿教师队伍。中小学富余教师经培训合格后可转入学前教育。

依法落实幼儿教师地位和待遇。切实维护幼儿教师权益，完善落实幼儿园教职工工资保障办法、专业技术职称（职务）评聘机制和社会保障政策。对长期在农村基层和艰苦边远地区工作的公办幼儿教师，按国家规定实行工资倾斜政策。对优秀幼儿园园长、教师进行表彰。

完善学前教育师资培养培训体系。办好中等幼儿师范学校。办好高等师范院校学前教育专业。建设一批幼儿师范专科学校。加大面向农村的幼儿教师培养力度，扩大免费师范生学前教育专业招生规模。积极探索初中毕业起点五年制学前教育专科学历教师培养模式。重视对幼儿特教师资的培养。建立幼儿园园长和教师培训体系，满足幼儿教师多样化的学习和发展需求。创新培训模式，为有志于从事学前教育的非师范专业毕业生提供培训。三年内对1万名幼儿园园长和骨干教师进行国家级培训。各地五年内对幼儿园园长和教师进行一轮全员专业培训。

四、多种渠道加大学前教育投入。各级政府要将学前教育经费列入财政预算。新增教育经费要向学前教育倾斜。财政性学前教育经费在同级财政性教育经费中要占合理比例，未来三年要有明显提高。各地根据实际研究制定公办幼儿园生均经费标准和生均财政拨款标准。制定优惠政策，鼓励社会力量办园和捐资助园。家庭合理分担学前教育成本。建立学前教育资助制度，资助家庭经济困难儿童、孤儿和残疾儿童接受普惠性学前教育。发展残疾儿童学前康复教育。中央财政设立专项经费，支持中西部农村地区、少数民族地区和边疆地区发展学前教育和学前双语教育。地方政府要加大投入，重点支持边远贫困地区和少数民族地区发展学前教育。规范学前教育经费的使用和管理。

五、加强幼儿园准入管理。完善法律法规，规范学前教育管理。严格执行幼儿园准入制度。各地根据国家基本标准和社会对幼儿保教的不同需求，制定各种类型幼儿园的办园标准，实行分类管理、分类指导。

县级教育行政部门负责审批各类幼儿园，建立幼儿园信息管理系统，对幼儿园实行动态监管。完善和落实幼儿园年检制度。未取得办园许可证和未办理登记注册手续，任何单位和个人不得举办幼儿园。对社会各类幼儿培训机构和早期教育指导机构，审批主管部门要加强监督管理。

分类治理、妥善解决无证办园问题。各地要对目前存在的无证办园进行全面排查，加强指导，督促整改。整改期间，要保证幼儿正常接受学前教育。经整改达到相应标准的，颁发办园许可证。整改后仍未达到保障幼儿安全、健康等基本要求的，当地政府要依法予以取缔，妥善分流和安置幼儿。

六、强化幼儿园安全监管。各地要高度重视幼儿园安全保障工作，加强安全设施建设，配备保安人员，健全各项安全管理制度和安全责任制，落实各项措施，严防事故发生。相关部门按职能分工，建立全覆盖的幼儿园安全防护体系，切实加大工作力度，加强监督指导。幼儿园要提高安全防范意识，加强内部安全管理。幼儿园所在街道、社区和村民委员会要共同做好幼儿园安全管理工作。

七、规范幼儿园收费管理。国家有关部门2011年出台幼儿园收费管理办法。省级有关部门根据城乡经济社会发展水平、办园成本和群众承受能力，按照非义务教育阶段家庭合理分担教育成本的原则，制定公办幼儿园收费标准。加强民办幼儿园收费管理，完善备案程序，加强分类指导。幼儿园实行收费公示制度，接受社会监督。加强收费监管，坚决查处乱收费。

八、坚持科学保教，促进幼儿身心健康发展。加强对幼儿园保教工作的指导，2010年国家颁布幼儿学习与发展指南。遵循幼儿身心发展规律，面向全体幼儿，关注个体差异，坚持以游戏为基本活动，保教结合，寓教于乐，促进幼儿健康成长。加强对幼儿园玩教具、幼儿图书的配备与指导，为儿童创设丰富多彩的教育环境，防止和纠正幼儿园教育"小学化"倾向。研究制定幼儿园教师指导用书审定办法。建立幼儿园保教质量评估监管体系。健全学前教育教研指导网络。要把幼儿园教育和家庭教育紧密结合，共同为幼儿的健康成长创造良好环境。

九、完善工作机制，加强组织领导。各级政府要加强对学前教育的统筹协调，健全教育部门主管、有关部门分工负责的工作机制，形成推动学前教育发展的合力。教育部门要完善政策，制定标准，充实管理、教研力量，加强学前教育的监督管理和科学指导。机构编制部门要结合实际合理确定公办幼儿园教职工编制。发展改革部门要把学前教育纳入当地经济社会发展规划，支持幼儿园建设发展。财政部门要加大投入，制定支持学前教育的优惠政策。城乡建设和国土资源部门要落实城镇小区和新农村配套幼儿园的规划、用地。人力资源和社会保障部门要制定幼儿园教职工的人事（劳动）、工资待遇、社会保障和技术职称（职务）评聘政策。价格、财政、教育部门要根据职责分工，加强幼儿园收费管理。综治、公安部门要加强对幼儿园安全保卫工作的监督指导，整治、净化周边环境。卫生部门要监督指导幼儿园卫生保健工作。民政、工商、质检、安全生产监管、食品药品监管等部门要根据职能分工，加强对幼儿园的指导和管理。妇联、残联等单位要积极开展对家庭教育、残疾儿童早期教育的宣传指导。充分发挥城市社区居委会和农村村民自治组织的作用，建立社区和家长参与幼儿园管理和监督的机制。

十、统筹规划，实施学前教育三年行动计划。各省（区、市）政府要深入调查，准确掌握当地学前教育基本状况和存在的突出问题，结合本区域经济社会发展状况和适龄人口分布、变化趋势，科学测算入园需求和供需缺口，确定发展目标，分解年度任务，落实经费，以县为单位编制学前教育三年行动计划，有效缓解“入园难”。2011年3月底前，各省（区、市）行动计划报国家教育体制改革领导小组办公室备案。

地方政府是发展学前教育、解决“入园难”问题的责任主体。各省（区、市）要建立督促检查、考核奖惩和问责机制，确保大力发展学前教育的各项举措落到实处，取得实效。各级教育督导部门要把学前教育作为督导重点，加强对政府责任落实、教师队伍建设、经费投入、安全管理等方面的督导检查，并将结果向社会公示。教育部会同有关部门对各地学前教育三年行动计划进展情况进行专项督查，组织宣传和推广先进经验，对发展学前教育成绩突出的地区予以表彰奖励，营造全社会关心支持学前教育的良好氛围。

国务院

二〇一〇年十一月二十一日